公司IPO

整体解决方案

顾鸣杰◎著

INITIAL PUBLIC OFFERINGS

海量干货
工具 · 流程 · 方案
法规 · 范本 · 模板
一网打尽

中国经济出版社
CHINA ECONOMIC PUBLISHING HOUSE
· 北 京 ·

图书在版编目（CIP）数据

公司 IPO 整体解决方案/ 顾鸣杰著 .
北京：中国经济出版社，2018. 3
ISBN 978 -7 -5136 -4981 -0

Ⅰ. ①公… Ⅱ. ①顾… Ⅲ. ①上市公司—股票上市—研究—中国 Ⅳ. ①F279. 246

中国版本图书馆 CIP 数据核字（2017）第 272021 号

责任编辑 张　辰　高晓晔
责任印制 马小宾
封面设计 任燕飞设计室

出版发行 中国经济出版社
印 刷 者 北京富泰印刷有限责任公司
经 销 者 各地新华书店
开　　本 710mm×1000mm　1/16
印　　张 19. 25
字　　数 236 千字
版　　次 2018 年 3 月第 1 版
印　　次 2018 年 3 月第 1 次
定　　价 58. 00 元
广告经营许可证 京西工商广字第 8179 号

中国经济出版社 **网址** www. economyph. com **社址** 北京市西城区百万庄北街 3 号 **邮编** 100037
本版图书如存在印装质量问题，请与本社发行中心联系调换（联系电话：010 -68330607）

前言

PREFACE

2017年7月19日，万达商业地产股份有限公司与融创中国、富力地产确定了最终的交易方案。富力地产以199.06亿元接手万达商业地产的77家酒店项目，比之前融创中国提出的335.95亿元少了136.89亿元；而融创中国则用438.44亿元收购万达商业地产的13个文旅项目的91%股权，现有贷款454亿元则由交割后的项目负责，比之前的295.75亿元增加了142.69亿元。

虽然万达商业地产的资产有了明确归属，但是其IPO仍停滞不前。有相关人士表示："万达商业地产出售这么多资产，即使被认定不属于资产重组，也需要对之前的招股书进行更新，再由监管层判定是否需要重新排队。"

与万达商业地产一样因各种各样的问题导致IPO停滞不前或者被否的公司不在少数。那么，如何才能避免自己的IPO被否呢？都说"不打无准备之仗"，只有在IPO前做好各项准备工作，才能保证成功的机会降临到自己头上。

第一，充分掌握IPO的基本知识。IPO是一项系统的复杂工程，了解与IPO相关的基本知识只是最基本的条件。如果连这个都做不到，就不要谈什么IPO了。

第二，了解是否具备IPO主体资格。确认是否是股份有限公司；是否存在出资瑕疵；三年内主营业务和董事、高管是否发生了重大变化，实际控制人是否发生变更；股权是否清晰；股权激励是否到位。

第三，财务核查工作是否完备。检查公司的各项财务指标是否达到了IPO的相关标准，是否存在税务问题，是否存在财务漏洞导致被证监会怀疑存在财务操纵等情况。

第四，针对发审委关注的重点做准备。IPO前准备工作非常繁杂，但也有侧重点，如成长性、毛利率、应收账款、收入确认、存货、关联交易及同业竞争披露、募投资金等。拟IPO公司只需要将发审委关注的这些重点工作准备好，就能提升过会几率。

第五，掌握股权融资相关的理论与技巧。公司IPO单靠自身能力很难达成，所以要懂得善用他人的力量。而股权融资不管是在资金支持还是公司治理结构上，都能对拟IPO公司起到极大的帮助作用，让其更符合IPO标准。

第六，借并购重组改善自身问题。并购重组是资本运作非常重要的一环，是拟IPO公司及投资者都非常关注的内容。不少拟IPO公司本身存在很多问题，或者不具备IPO条件，通过并购重组可以改善自身不足，尽快实现IPO目标。

第七，选好IPO路径。“天时、地利、人和”才能成就一件大事，IPO更是如此。IPO时机、地点、板块、方式的选择，都会对IPO结果产生重大影响。

第八，关注流程细节。正所谓“知己知彼，百战不殆”，对IPO了解的程度有多高，IPO成功的几率就能有多高，IPO流程更是不能忽略的问题。从公司改制、上市前辅导、发行前筹备、申请核准、询价推介，再到股票上市，任何一个环节都需正确应对。

第九，做好IPO路演，获得高额定价。IPO路演成功与否，直接关系到股票发行的结果。公司的股票能否受到投资人青睐，能否获得高定价，都要看拟IPO公司在路演中的表现如何，否则只能功亏一篑。

IPO上市是一种趋势，更是企业做大做强的必由之路。尽管如此，上市并不是简单的融资，也不是简单的申请。鉴于证监会的严格要求，众多公司因为各项条件不符而屡次在IPO的道路上受阻。本书为企业提供了一套顺利进行IPO上市的解决方案，立足IPO上市的每一个关键方面，从主体条件、财务核查、审核要点到股权融资、并购重组、IPO路径选择、细节流程、商业路演等应有尽有，书后还附有IPO法律法规及操作协议范本、模板等，让读者更容易把握IPO上市的关键点，规避IPO上市过程中可能出现的问题，助力企业在国内严格的审核机制下，顺利实现IPO上市。

目 CONTENTS 录

第1章 读懂IPO，玩转资本市场

大多数公司都以IPO为自己的最终目标，但在追求这个目标的过程中是否了解过IPO的真正含义？参与IPO的角色都有哪些？IPO要经过多少道审核程序？IPO的成本能否承担得起？IPO从核准制改为注册制后，会产生什么样的影响？这些问题的答案，只是公司进行IPO时最先要了解的基本事项。

第2章 主体条件：要 IPO，先看看你够格吗

IPO 是一项严谨的工作，不仅要保证资本市场的利益，更要维护投资者的利益。因此，证监会对拟 IPO 公司提出了严格的审核要求，对主体资格、出资问题、独立性、重大变化、股权结构等方面都有非常严格的规定。如果公司要申请 IPO，先看看自己是否达到了这些基本要求。

第3章 财务核查：别让你的企业“带病申报”

纵观历年来被否的IPO案例，财务是最大的主因，比如审计会计、税务规划、盈利规划、资产负债等关键的财务指标是否达到标准，是否存在逃税漏税、财务操纵等行为，都是导致IPO被否的具体原因。如果拟IPO公司想顺利过会，一定要在申请IPO之前将财务问题整改到位。

第4章 审核要点：发审委关注的才是重点

IPO是一项系统的工程，准备工作非常繁杂，其间很多公司在这繁冗的准备工作中偏离了方向，导致IPO被否。其实，IPO的准备工作虽然较多，但也有侧重点，如成长性、毛利率、应收账款、收入确认、存货、关联交易及同业竞争披露、募投资金等。拟IPO公司只需要将这些重点工作准备好，就能提升过会几率。

第 5 章 股权融资：方法 + 技巧 = 要钱不难

股权融资是公司发展过程中必不可少的一环，也是 IPO 前的必用手段。股权融资结果如何，决定着公司未来的命运。因此，拟 IPO 公司应保持冷静，谨慎行事，遵守游戏规则，掌握股权融资相关的理论与技巧。只要运作得当，拟 IPO 公司就可借力资本提升过会的成功率。

第6章 并购重组：借他人之力敲开 IPO 大门

不少拟 IPO 公司本身存在很多问题，难以达到 IPO 的条件。为了尽快实现 IPO 目标，不少公司通过并购重组来改善自身问题，如突出主营业务、实现独立、规范关联交易、完善公司制度、明确股权归属等。但并购重组并不是一项简单的工程，任何一个环节出现纰漏，都会造成并购重组失败，从而影响公司的 IPO 进程。

第7章 IPO路径：要选择，不是每条大路都通罗马

IPO是一项系统工程，任何细节的疏漏都可能导致IPO被否。所以，IPO的时机、地点、板块、方式的选择对IPO的结果产生极大的影响。时机选择不当，会影响融资额；地点选择不当，会影响IPO结果；板块选择不当，则可能直接被拒于IPO大门之外；方式选择不当，则可能增加IPO成本。可以说，公司IPO要成功，天时、地利、人和缺一不可。

第8章 IPO流程：饭要一口口吃，路要一步步走

正所谓“细节决定成败”，不要小看对IPO流程的精准掌握，从公司改制、上市前辅导、发行前筹备、申请核准、询价推介，再到股票上市，任何一个环节的疏忽都会对IPO的结果产生巨大的影响。

第 9 章 IPO 路演：确保发行成功，实现超额认购

"人生如戏，全靠演技"，IPO 也是如此。公司的股票能否受到投资人青睐，能否获得高定价，都要看拟 IPO 公司能否当好主角，能否把握关键点，能否做好路演的方方面面，否则只能功亏一篑。

第1章
读懂 IPO，玩转资本市场

大多数公司都以 IPO 为自己的最终目标，但在追求这个目标的过程中是否了解过 IPO 的真正含义？参与 IPO 的角色都有哪些？IPO 要经过多少道审核程序？IPO 的成本能否承担得起？IPO 从核准制改为注册制后，会产生什么样的影响？这些问题的答案，只是公司进行 IPO 时最先要了解的基本事项。

1.1 到底什么是 IPO

IPO 是“Initial Public Offerings”的缩写，中文为首次公开募股，是指一家股份有限公司第一次对公众出售它的股票。首次公开发行，是指股份公司首次向社会公众公开招股的发行方式。

一般来说，上市公司的股份是以相应证券会出具的招股书或登记声明中约定的条款为依据，以经纪商或者做市商为中介，向公众进行销售。股份公司一旦完成首次公开上市，就可申请到证券交易所或报价系统挂牌交易。

1.1.1 IPO 不等于 100%上市

很多人都把 IPO 等同于上市，其实 IPO 并不是百分百等于上市。上文有述，IPO 是指股份有限公司首次向社会公众公开招股，而上市是公司通过证券交易所向投资者增发股票，以期募集用于企业发展资金的过程。IPO 只是上市的一种方式，上市的方式还包括买壳上市、借壳上市。一般是先完成 IPO，然后才能上市。IPO 后，如果无法上市，就需要把募集的资金退还给投资者。具体而言，IPO 和上市的区别具体表现在以下两个方面（见图 1－1）。

图1－1　IPO与上市的两大区别

1.1.2 IPO的两面性

各大公司之所以前赴后继地奔赴IPO，自然有其独特的魅力，其优势体现在以下五个方面，见图1－2。

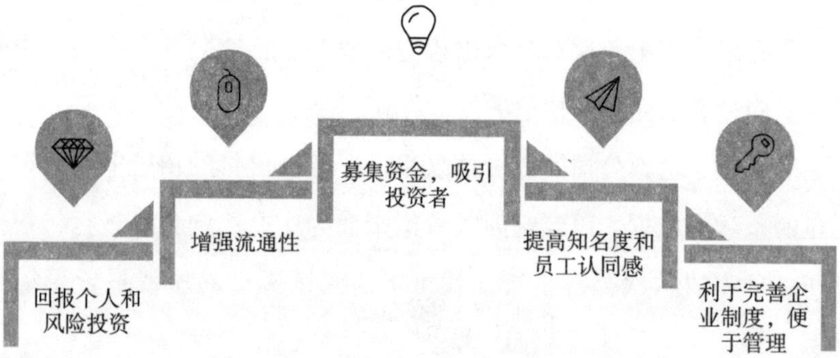

图1－2　IPO的五大优势

有利自然有弊，公司IPO后可能会遇到以下四个问题，见图1－3。

1.1.3 IPO加速改变了什么

从2016年开始，IPO开始提速。证监会主席刘士余表示：“IPO加速决策非常正确，可在两三年内帮助中国解决IPO堵塞问题”。那么，IPO提速带来的影响都具体表现在哪些方面呢（见图1－4）？

图1-3 IPO的四大劣势

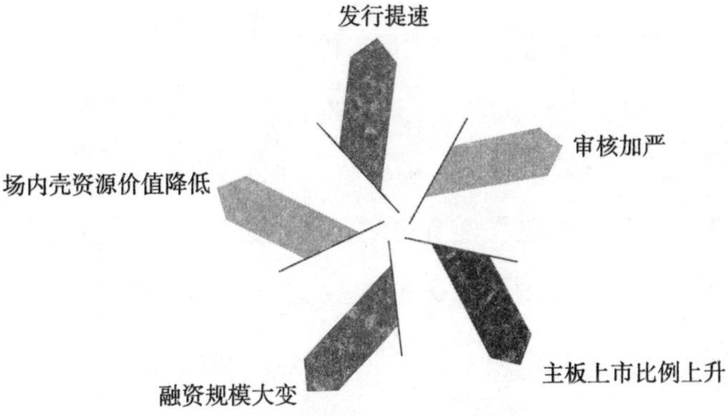

图1-4 IPO提速带来的五大改变

1. 发行提速

截至2017年5月15日，中国证监会发审委审核公司197家，通过169家，申报排队公司达到85家。2017年开年以来，发审委平均每周审核13到15家公司。由此可见，IPO发行速度明显提升。如果一直保持这个速度，预计2017年IPO的公司将超过500家，A股上市数量将增加16%，全年IPO融资额可达到3000亿元。

2. 审核加严

对比往年，2017年的IPO过会率明显下降，只有79.7%水平。观察被否公司的案例，业绩下滑、关联交易、独立性缺失、持续盈利能力存疑、运作不规范是其被否的主要原因。而过会率的下降明显反映了证监会审核比往年更加严格。

3. 主板上市比例上升

按照往年的数据，主板上市公司的比例远低于中小板与创业板。但从2016年开始，主板上市的比例明显提升，后两者下降明显。这个现象表明，越来越多的公司满足主板上市的标准。

4. 融资规模大变

从整体融资水平来看，截至2017年5月中旬，2017年IPO融资额较上年同期增长363.5%；从融资额占比方面看，截至5月中旬，IPO融资额占公开市场股权融资额比例为3.41%，上年同期为7.08%，该数据的变化反映了IPO提速对整个股权融资市场结构的影响巨大；从平均融资额看，2017年明显下滑，其主因是IPO向小公司倾斜、融资规模较小的中小型公司比例增加。

5. 场内壳资源价值降低

因原先IPO排队时间过长，所以，不少公司都倾向于借壳上市，而IPO的提速，则可解决着急上市公司的问题。因此，影响了场内壳资源价值。

1.2 他们，都是IPO的重要角色

在IPO中，有一些角色是不可或缺的，他们的存在对IPO的最终结果起到决定性的作用。所以，公司一定要认识这些角色的价值，并掌握辨别他们能力高低的技巧。

1.2.1 IPO工作中的各大角色

一般而言，在公司IPO中，需要以下几类角色参与。

公司及其董事，该角色需要负责的工作有：准备及修订盈利和现金流量预测、批准招股书、签署承销协议、路演。

保荐人，该角色需要负责的工作有：安排时间表、协调顾问工作、准备招股书草稿、上市申请、建议股票定价。

申报会计师，该角色需要负责的工作有：完成审计业务、准备会计师报告、复核盈利、营运资金预测。

公司律师，该角色需要负责的工作有：安排公司重组、符合相关法律确认书、确定承销协议。

保荐人律师，该角色需要负责的工作有：考虑公司组织结构、审核招股书、编制承销协议。

证券交易所，该角色需要负责的工作有：审核上市申请、招股说明书、举行听证会。

股票过户登记处，该角色需要负责的工作有：拟制股票、拟制还款支票、大量印制股票。

印刷者和翻译者，该角色需要负责的工作有：起草和翻译上市材料、大量印刷上市文件。

1.2.2 重点角色一：律师

律师在IPO起到什么作用？也许有很多公司都不知道，只知道IPO离不开律师。也有些人认为律师在IPO中的角色就是法律核查。这只是很少的一部分。律师在IPO中的工作非常重要。

在国外，律师负责的工作除了法律核查之外，还需要负责撰写公开说明书、承销契约和其他上市文件，扮演和交易所沟通的角色，审阅财务报表及信息，出具各种法律意见书，审阅并协商会计师就财务数据出具的相关证明。

其实，不管律师负责的工作是哪些，公司高额聘用律师的目的就是防范并减少投资人诉讼的潜在风险。律师做法律核查的原因是为了通过核查发现事实，并于公开说明书中做适当揭露，以减少被告的可能。

1. 不会睁一只眼闭一只眼

如果律师完全站在当事人的立场，为让公司能快速完成IPO，对拟IPO公司存在的问题睁一只眼闭一只眼，查到问题也不会将之披露，这是非常危险的。因为等IPO完成才爆发之前未揭露的问题，它带给公司的影响远比IPO不成功还严重。

2. 核查并协作拟IPO公司解决问题

一个好的律师不只是要切实做好法律核查，还要能协助拟IPO公司解决核查时所发现的问题，即使不能完全解决，也要让其不利影响最小化，最后帮助公司完成 IPO 目标。

截至 2016 年 12 月 30 日，2016 年度共有 227 家公司完成了 A 股 IPO 上市，共有 57 家律师事务所为 2016 年的 227 公司 IPO 提供了法律服务。排名前五位的分别是：北京市中伦律师事务所、北京市金杜律师事务所、国浩（上海）律师事务所、北京市国枫律师事务所、北京天元。这五家律所共包揽 95 单业务，占比为 41.85%。这五家律师事务所之所以能获得这么高的排名，获得 IPO 公司的青睐，就是因为他们具有核查并协助拟 IPO 公司解决问题的能力。

1.2.3 重点角色二：会计师

审计会计师在 IPO 中扮演着非常重要的角色，如果质量不够好，那么 IPO 失败的几率将大幅度提高。首先，好的审计会计师可以减少与新股发行有关的不确定因素；其次，可以向投资者传递公司价值的信号；最后，如果审计师因自身过失而未发现财务报告中的弊端，就需赔偿因此造成的经济损失，为投资者、债权人以及承销商分担了风险。

既然审计会计师有如此大的作用，拟 IPO 公司该如何辨别选择呢？

1. 高口碑

审计师的口碑是一项专用性资产，它需经过社会长久的认同和信任才能获得。审计会计师为了提高口碑也做了非常大的投入，而且投资者愿意为那些财务报告由著名会计师事务所审计的公司的股票支付溢价。高口碑的审计会计师不仅可以传递审计会计服务质量的信号，还可以帮助传递拟 IPO 公司的价值信号。

2. 大规模

会计事务所的规模反映了审计会计师业务量的大小。会计师事务所越大，可获得超额价值就越多。同时，大型会计师事务所可以在人员培训、质量管理方面获得规模效应，从而降低公司 IPO 的时间成本。

2016 年会计师事务所 IPO 业绩排名前五位的分别是：立信会计师事务所、天健会计师事务所、瑞华会计师事务所、华普天健会计师事务所、大华会计师事务所。

这些会计师事务所能获得如此好的成绩，就是因为它们能帮助公司传递价值，有着非常高的财务报告质量口碑，且能降低公司 IPO 的成本。

1.2.4 重点角色三：保荐人

当一家公司决定启动 IPO 工作后，保荐人的质量决定了结果。那么，如何选择一个好的 IPO 保荐机构呢（见图 1－5）？

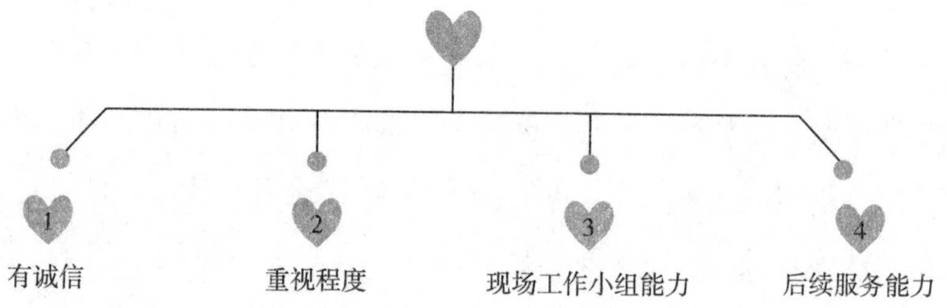

图 1－5　选择保荐机构的四个考虑因素

1. 有诚信

个别保荐机构因为揽到承销费用更高或者质量更好的项目后，就把工作重心放在其他项目，从而严重影响了公司的 IPO 进度。同时，还有可能出现误导性报价、承揽项目时报低价、签订承销保荐协议时挖陷阱的情况。到辅导期结束，发审材料即将上报时，需要签订保荐协议，公司正处于整个 IPO 中最弱势的阶段，如果是不良机构，则会任其宰割。所以，拟 IPO 公司一定要选择有诚信、高口碑的保荐机构。

2. 重视程度

保荐机构对项目的重视程度差异，决定了其高层是否愿意主动去监管部门交流、汇报。如果足够重视，则会对顺利过会有很大的帮助。

3. 现场工作小组能力

由于承销保荐人流动性非常高，因此保荐机构整体能力差异不大。虽是如此，现场工作人员的能力还是需要特别注意。尽量要求保荐机构安排经验丰富的承销人员参与项目。好的承销人员不但能保证制作的发审材料顺利过会，还能挖掘出公司不为外人所知的亮点，为公司的IPO讲出更为动听的“故事”。

4. 后续服务能力

保荐机构过会的后续服务能力，也是重要参考因素之一。包括发行询价能力、发行成功率以及IPO后的股价跟踪服务能力。

2016年保荐机构排名前五的分别是：中信证券股份有限公司、中信建投证券股份有限公司、中国国际金融股份有限公司、安信证券股份有限公司、广发证券股份有限公司；共包揽保荐及承销费30.355亿元，占总保荐及承销费37.09%。

这些保荐机构之所以能有这么好的成绩，就是因为不管是诚信、现场工作小组能力，还是后续服务能力都有着非常不错的口碑。

1.3 小心！每个审核环节都是一道坎

IPO的审核基本原则是依法行政、公开透明、集体决策、分工制衡。在该原则的基础上，相关部门确定了以下审核工作流程：受理、反馈会、见面会、初审会、发审会、封卷、核准发行等主要环节，分别由不同处室负责，彼此相互配合。每个审核决定都需要通过会议以集体讨论的方式提出意见，避免因个人主观意识而出现错误决策。

拟IPO公司要深入了解审核工作流程，确保不出现差误。同时，对审核流程有基本的了解之后，也可提高自己对IPO的信心（见图1－6）。

1.3.1 主要环节一：受理与预先披露

在《中国证券监督管理委员会行政许可实施程序规定》《首次公开发行股票并上市管理办法》《首次公开发行股票并在创业板上市管理暂行办法》的要求下，中国证监会受理部门依法受理首发申请文件，并按照相关程序转送发行监管部门。发行监管部门在正式受理之后，即按照程序要求为申请IPO公司安排预先披露事务，同时将申请文件分发到相关监管处室。相关处室则会根据发行人的行业、公务回避的相关要求以及审核人员的工作强度确定最终审核人员。主板与中小板申请需要同时送国家发改委征求意见，创业板则不用（见图1－7）。

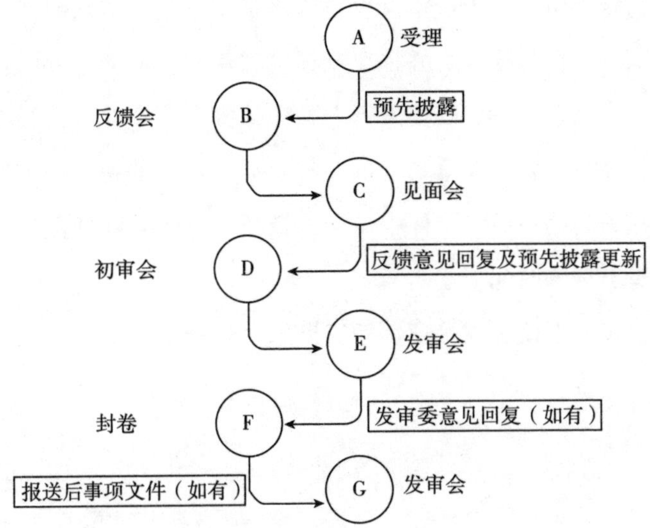

图1－6　IPO审核基本流程

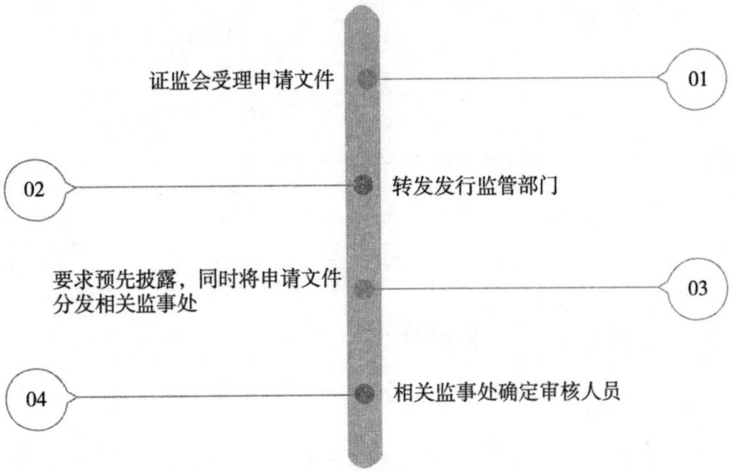

图1－7　受理与预先披露流程

1.3.2 主要环节二：反馈会

相关监管处室审核人员审阅发行人申请文件后，会从财务与非财务两个角度撰写一份审核报告，并提交反馈会讨论。反馈会主要讨论初步审核中关注的主要问题，确定需要发行人补充披露以及中介机构核查说明的问题。此时，发行人就要注意自己的主体资质、财务准备、税务等方面的问题，并将相关问题在申请文件中做充分披露，以此来降低做进一步解释的几率，减少IPO的时间成本。

反馈会按照申请文件受理顺序安排见图1－8。

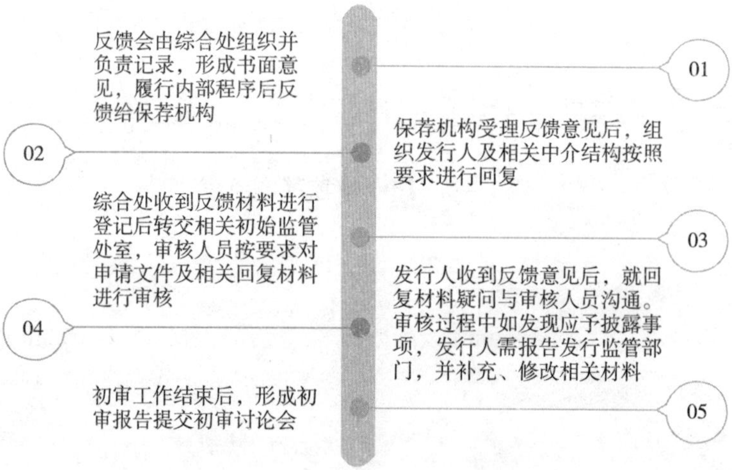

图1－8　反馈会工作流程

1.3.3 主要环节三：见面会

反馈会按照申请文件受理顺序安排见面会，见面会的目的是发行人与发行监管部门初步建立沟通机制。参与人员主要有发行人代表、发行监管部相关负责人、相关监管处室负责人。在见面会中发行人需做好充分的准备工作，对发行监管部门提出的问题做出完善的解释，给对方留下良好的印象，并为日后的沟通建立一个良好的基础。

在进行下一个环节时，需先进行预先披露更新的工作。反馈意见已按要求回复、财务资料未过有效期、需征求意见的相关部门无异议后，相关部门将为发行人安排预先披露更新。如发行人条件具备，发行监管部将通知保荐机构报送发审会材料以及用户更新的预先披露材料。同时，在收到相关材料后即刻安排预先披露更新。

1.3.4 主要环节四：初审会

在完成预先披露更新工作后，发行监管部将按照受理顺序安排初审会。初审会由审核人员汇报发行人的基本情况、初步审核中发现的主要问题以及反馈意见回复情况，初审会由综合处组织并负责纪录。

审核人员按照初审会讨论的情况，对初审报告进行修改、完善，完成后与申请材料一并提交发审会。

初审会讨论决定提交发审会审核的，发行监管部需出具初审报告，同时以书面的形式通知保荐机构需要进一步说明的事项以及做好上发审会的准备工作。如认为发行人有进一步披露和说明的重大问题，则暂不提交发审会审核，并再次向发行人发送书面反馈意见。

1.3.5 主要环节五：发审会

发审委制度属于发行审核中的专家决策机制，每届发审委成立时，一般都会按照委员所属专业分成若干审核小组，再按工作量安排各个小组依次参加初审及发审会。委员中存在回避事项的，按规定安排其他委员替补。发审委以投票方式对公司的首发申请进行表决。

发审委的工作程序如图1－9。

1.3.6 主要环节六：封卷与会后事项

发行人的首发申请通过发审会审核，按要求回复发审委审核意见，通过发审委审核后就需将申请文件原件重新归类后存档备查，也就是进行封卷工作。封卷工作一般是在按要求回复发审委意见后进行，如果没有发审

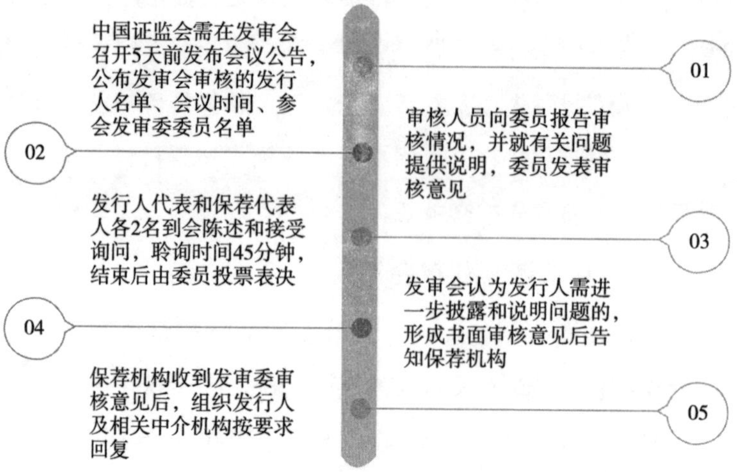

图1－9　发审委工作流程

委意见需要回复的，通过发审委审核即可立即封卷。

封卷后，发行人要注意会后事项。会后事项是指发行人首发申请通过发审会审核后，招股说明书刊登前，发生的可能影响发行的，以及会影响投资者投资决策的重大问题应予披露的事项。如存在这些问题，发行人就需要履行会后事项程序，按照规定向综合处提交会后事项材料。

1.3.7 主要环节七：核准发行

核准发行前，发行人需及时报送发行承销方案。完成封卷与内部程序后，将进行核准批文的下发工作，发行人无重大会后事项或已履行完会后事项程序的，即可按照相关规定进行招股说明书的刊登工作。

1.4 拿捏成本，付不起就别 IPO 了

在决定公司是否进行 IPO 上市时，需要考虑成本因素。考虑 IPO 的成本自己是否承担得起？如果 IPO 失败，这些付出的成本会不会对公司的生存造成重大影响？如果承担不起，或者失败后会对公司造成重大影响，那就要对 IPO 做慎重考虑。

1.4.1 成本一：税务

公司在改制之前，需要将之前欠下的税款缴足。因为需要一次性补充，所以，如果补缴金额过大，就会对公司的财务造成压力，可能造成现金流转问题。通常，会导致公司少缴税款的原因主要有以下三个方面，见图 1－10。

1.4.2 成本二：社保

在劳动密集型公司，多多少少都会存在用工不规范的问题，比如降低社保基数，少报用工人数，用综合保险代替城镇社保，少计节假日工资。发审委对劳动用工方面的规范非常严格，因此，拟 IPO 公司需要付出更高的社保成本。

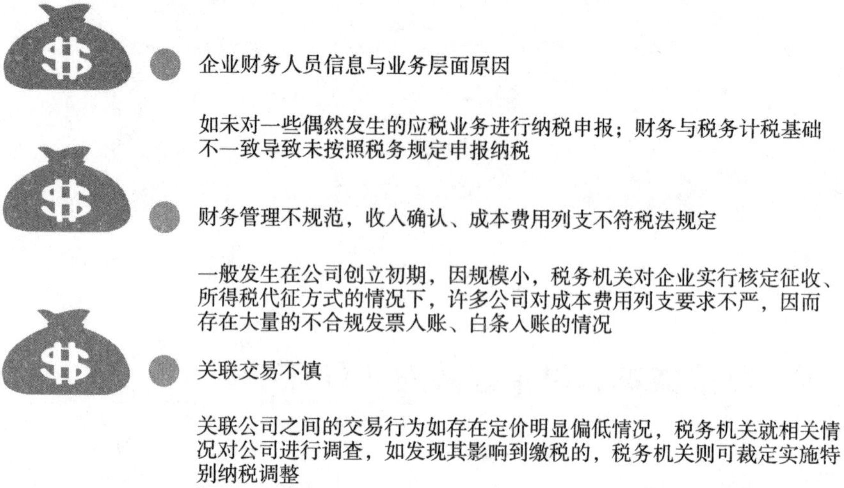

图 1－10　导致公司少缴税款的三大原因

1.4.3 成本三：筹备费用

IPO 是一个非常庞大且系统的工程，因此需要组建一个专业的 IPO 筹备工作团队。所以，IPO 筹备费用也是必须考虑的问题。上市筹备费用主要包括以下几个方面，见图 1－11。

1.4.4 成本四：人力资源

此处的人力资源成本是指高级管理人员的报酬问题。公司在 IPO 过程中除了要考虑高管的固定薪资，还需要考虑符合公司 IPO 成功后发展战略的高管激励政策。在市场环境下，大多数公司都会对高级管理人员进行股权激励，或者加大以往股权激励的力度。如此，公司的 IPO 成本必然会增加。

对于中小公司，IPO 后除了要考虑股权激励成本，其人员成本费用还表现在管理人员的增加上。中小公司要达到 IPO 公司治理的要求，就需要安排更多的董事会、监事会成员以及高级管理人员。

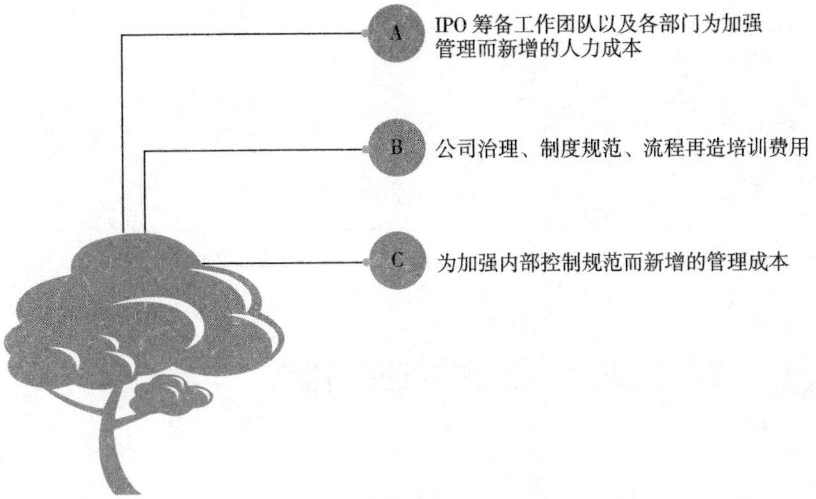

图 1－11　IPO 筹备的三大主要费用

1.4.5 成本五：中介费用

公司 IPO 必须与中介结构合作，且在市场准入的保护伞下，IPO 中介机构非常稀缺，因此中介费用成为公司 IPO 最大的成本之一。公司 IPO 需要合作的中介机构包括保荐机构、会计师事务所、资产评估机构、律师事物所、其他咨询机构、财经公关机构等。这些机构所收费用都不低，且会因为目标融资额、合作方的规模与品牌、公司的业务复杂情况、市场行情来决定费用高低。

1.5 注册制来了，是利好还是利空

所谓IPO注册制，是相对于审批制、核准制来说的。中国内地股票发行制度，虽然从审批制演变到核准制，但是其本质并没有变化。也就是说，一家公司能否成功IPO，是否符合IPO条件、每股售价多少、发行规模多大、发行时间确定，基本上都是由监管部门确定。而监管部门不仅需要看拟IPO公司是否符合产业政策，还需要看公司的盈利能力、发展前景等。那么，到底什么是注册制，注册制的到来又会对公司上市、资本市场产生什么样的影响呢?

1.5.1 本质：由市场决定一切

注册制就是所谓的公开管理原则，实质上就是一种发行公司的财务公开制度，要求发行证券的公司提供关于证券发行本身以及同证券发行有关的一切信息，招股说明书为重点核心内容。

证券发行注册制是指证券发行申请人依法把与证券发行的相关信息对外公开，同时形成法律文件，送交给主管部门核查。主管部门只负责审查发行申请人提交的信息是否履行了信息披露义务的一种制度。

IPO注册制可以说是市场化、法治化精神的集中体现，以市场决定为基

础，尊重投资者自己的判断与选择，对政府审批与行政管制的权利进行淡化，还原市场属性，由市场决定一切。有专业人士表示：“这即是 A 股一级市场去行政化的实际行动，更是市场化、法治化、国家化改革进程的重大跨越”。

1.5.2 特征：注册制的三大特性

注册制之所以会被这么关注，就是因为它有着独特的一面，可归纳为以下三个方面，见图 1－12。

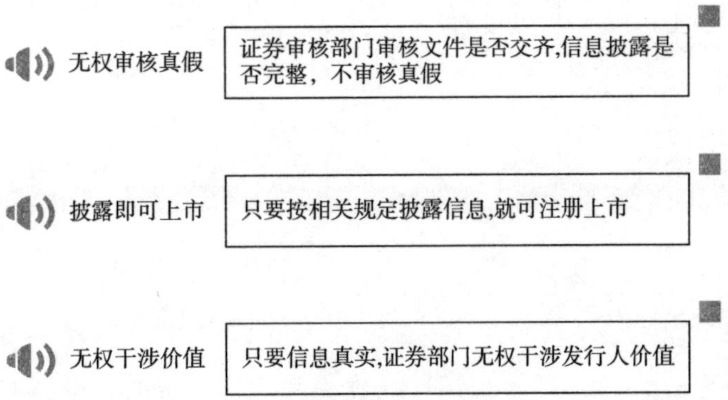

1－12　注册制的三大特点

1.5.3 区别：注册制与核准制的差异

注册制与核准制的区别具体体现在以下几个方面，见表 1－1。

表 1－1　注册制与现有核准制的区别

区别项目	注册制	核准制
判断发行实质主体	中介机构	中介机构、证监会
发行监管性制度	证监会形式审核、中介机构实质性审核	中介机构和证监会分担实质性审核职责
市场化表现	逐步市场化	逐步市场化
发行效率	高	低
代表国家	美国、日本	欧洲各国
我国特点	实质审核制配合发行审核制度与保荐制度	

1.5.4 流程：美国 IPO 注册制步骤

目前我国的 IPO 市场还不够成熟，但一直在为注册制的到来做准备。因为尚未执行，所以具体的操作流程还不清楚，但是可以参考美国的注册制 IPO 流程（见图 1－13），毕竟中国有很多公司都选择在美国上市，如京东、聚美、阿里巴巴等国内大型互联网公司。

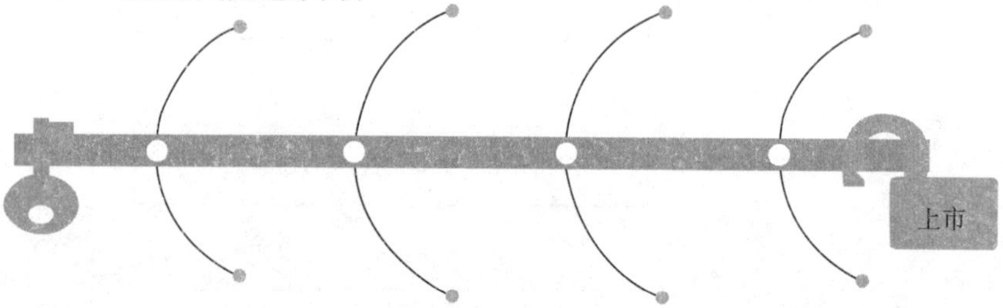

图 1－13　美国注册制 IPO 基本流程

1.5.5 利弊：注册制的两面性

世界万物都有两面性，有好的，也有坏的，注册制也是一样。那么，一旦实施注册制，它又给中国的 IPO 市场带来哪些好的或坏的影响呢？又有哪些方法可以应对这些坏影响呢？

1. 注册制的优势

第一，证券市场结构发生根本性变化。随着注册制的到来，审核效率将极大提高，因此，主板、中小板、创业板市场将极速扩张，有更多的公司加入到中国的资本市场中。

第二，私募市场对创业创新促进作用增强。随着市场结构的变化，私募市场也将发生极大的改变。注册制下，股权投资基金对投资项目的介入时间会提前，风险投资的专业性将进一步提高，投机性下降。总而言之，私募市场的收益率会因为注册制的到来更加市场化，对创业创新的促进作用会进一步加强。

第三，中国资本市场将进一步扩大。因为 IPO 制度的原因，许多在国内无法上市的公司，都选择到海外去上市，因而中国资本市场的规模一直受到限制。注册制之后，中国资本市场的竞争力与吸引力将提高，中国资本市场的规模将进一步扩大。

第四，减少资本市场的弊端。中国资本市场存在很多弊端，而这与发行制度不无关系。如果进行注册制，就会减少以下三种弊端，见图 1－14。

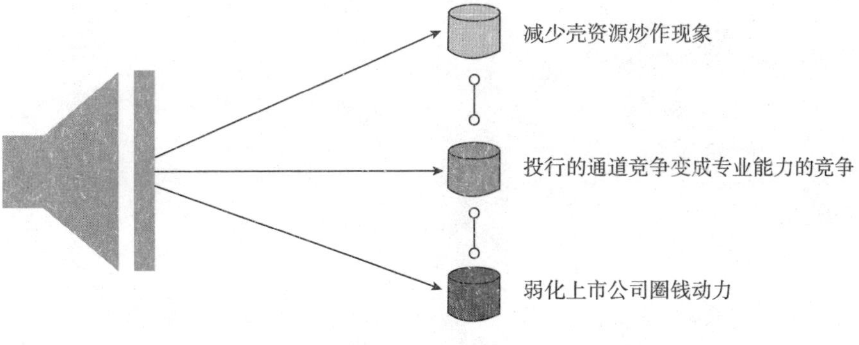

图 1－14　注册制将减少中国资本市场三大弊端

2. 注册制的弊端

注册制不是完美的，也存在缺点，但是这些缺点并不是不能解决，只要掌握好方法即可。

第一，带来更多造假和欺诈。我国《证券法》对造假和欺诈发行的处罚力度并不高，而注册制的到来，必然会降低审核力度，所以可能会带来更多造假和欺诈的风险。因此，要避免这种风险，完善法律是中国实行注册制的必要条件。

第二，IPO 加速市场过分饱和。中国的投资市场还不够成熟，投资人和投资规模都比较有限。但是注册制的到来必然加速 IPO 审核，资本市场规模也会随之扩大。中国的资本市场又缺乏严肃完善的退市制度，在这种情况下，如果强推注册制，结果就是让中国的资本市场呈过分饱和状态，最后被撑死。要避免这个问题，就必须建立一个严肃完善的退市制度，采取“优胜劣汰”的淘汰制度，将“垃圾股”排除资本市场。

第 2 章
主体条件：要 IPO，先看看你够格吗

IPO 是一项严谨的工作，不仅要保证资本市场的利益，更要维护投资者的利益。因此，证监会对拟 IPO 公司提出了严格的审核要求，对主体资格、出资问题、独立性、重大变化、股权结构等方面都有非常严格的规定。如果公司要申请 IPO，先看看自己是否达到了这些基本要求。

2.1 主体资格合理、合法、合规

IPO并不是一件“拍桌子”就能定案的事情，它是一个非常复杂且系统的工程。证监会对于IPO的规定非常严格，推出了一系列的相关法律法规。而公司要IPO的第一个条件就是看“主体资格是否合理、合法、合规”。

2.1.1 关于主体资格的法律规定

《首次公开发行股票上市管理办法》规定：

第八条　发行人应当是依法设立且合法存续的股份有限公司，经国务院批准，有限责任公司在依法变更为股份有限公司时，可以采取募集设立方式公开发行股票。

第九条　发行人自股份有限公司成立后，持续经营时间应当在3年以上，但经国务院批准的除外。

有限责任公司按原账面净资产值折股整体变更为股份有限公司的，持续经营时间可以从有限责任公司成立之日起计算。

《创业板首发管理办法》第十一条　发行人申请首次公开发行股票应当符合下列条件：

（一）发行人是依法设立且持续经营3年以上的股份有限公司。有限责任公司按原账面净资产值折股整体变更为股份有限公司的，持续经营时间可以从有限责任公司成立之日起计算；

（二）最近2年连续盈利，最近2年净利润累计不少于1000万元；或者最近1年盈利，最近1年营业收入不少于5000万元。净利润以扣除非经常性损益前后孰低者为计算依据；

（三）最近一期末净资产不少于2000万元，且不存在未弥补亏损；

（四）发行后股本总额不少于3000万元。

从上述规定可以看出，只有股份有限公司才可以向社会公众发行股票。所以，公司要IPO的第一步就是设立股份有限公司。

2.1.2 两种方式设立股份有限公司

股份有限公司的设立有两种，分别是发起设立与募集设立。

1. 发起设立

发起设立，又称为“单纯设立”或“同时设立”，是指公司设立股份有限公司，不是向社会公众公开募集，而是由发起人共同出资认购全部股份。

在实行法定资本制的国家，有限公司与股份有限公司的设立都是采取发起设立。采取该种设立方式的股份有限公司，只能在发起人范围内募集股本金，设立公司时都是发起人，所以最初的董事、监事也只能在发起人中做选择。无限公司、两合公司、有限公司只能采取该种方式设立。该种设立方式对社会公众影响相对较小，成立后公司股东具有稳定性、封闭性，适合中小型公司。

发起设立具有以下法律特征，见图2－1。

2. 募集设立

募集设立又称为“渐次设立”或者“复杂设立”。与发起设立不同，募集设立的发起人只需要认购公司股份或首期发行股份的一部分，剩余部

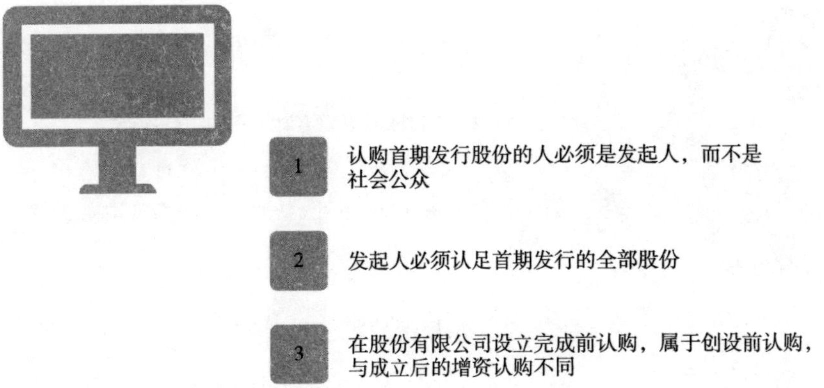

图 2－1　发起设立的三个法律特征

分则可以对外募集。通过募集设立的股份有限公司资本规模、涉及的投资者利益非常庞大，因而各国对募集设立有着非常严格的要求。

《公司法》第七十九条 设立股份有限公司，应当有 2 人以上 200 人以下为发起人，其中须有半数以上的发起人在中国境内有住所。

《证券法》第十条 公开发行证券，必须符合法律、行政法规规定的条件，并依法报经国务院证券监督管理机构或者国务院授权的部门核准。未经依法核准，任何单位和个人不得公开发行证券。

有下列情形之一的，为公开发行：

（一）向不特定对象发行证券的；

（二）向特定对象发行证券累计超过 200 人的（低于 200 人的，属于非公开发行的募集设立，不包括发起人）；

（三）法律、行政法规规定的其他发行行为。

综合以上条款，可见向特定对象发行证券累计超过 200 人设立公司的，肯定是募集式设立。

所以，募集设立只适合大型公司，而不适合中小型公司。

募集设立有以下三种特点，见图 2－2。

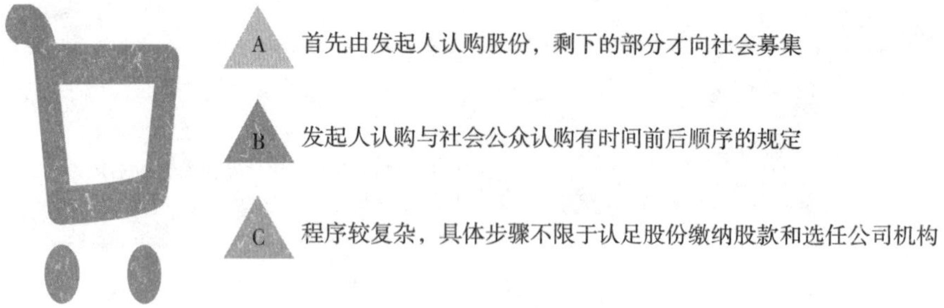

图2－2　募集设立的三种特点

3. 股份公司成立的条件

要成立股份有限公司，需要达到以下条件：

（1）发起人资格与人数。发起人的资格是指发起人依法取得的创立股份有限公司的资格，发起人可以是法人，也可以是自然人，需注意的是在中国境内有住所的发起人需超过半数。发起人人数需达到2人以上200人以下。国有企业改制为股份有限公司的，发起人可以少于5人，但必须采取募集设立方式，并规定认购的最低限额。

（2）股本最低限额。发起人认缴和向社会公开募集的股份需达到法定的最低限额，这是为了保护债权人的利益。我国股份有限公司的资本最低限额不得低于500万元人民币，法律、行政法规对股份有限公司注册资本的最低限额有较高规定的，从其规定。

（3）股份发行、筹办事项。股份发行、筹办事项需符合法律规定，这是设立股份有限公司必须遵守的原则。股份的发行是指股份有限公司在设立时为了筹集公司资本，出售与募集股份的法律行为，此处股份的发行是指设立发行。

以发起设立方式设立股份有限公司的，发起人应当书面认足公司章程规定其认购的股份，并按照公司章程规定缴纳出资。以募集方式设立股份有限公司的，在向社会公开募集股份时，需经过国务院证券管理部门批准，并公告招股说明书，制作认股书，由证券经营机构承销，签订承销协议。同时，还需要和银行签订代收股款协议，由银行代收和保存股款，向认股人出具收款单据。招股说明书应载明以下事项，见图2－3。

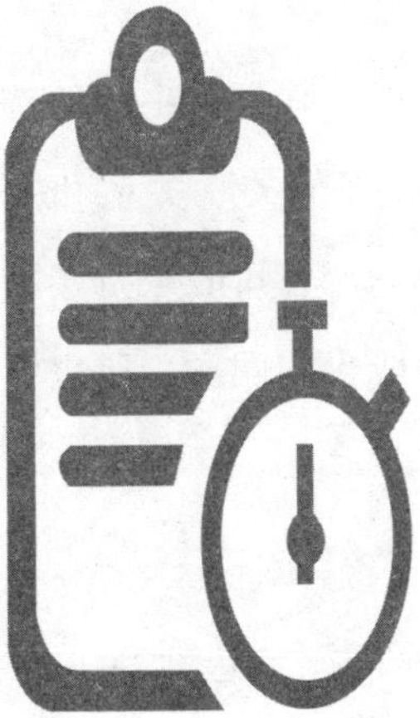

01 发起人认购的股份数

02 每股的票面金额和发行价格

03 无记名股票的发行总数

04 认股人的权利、义务

05 本次募股的起止期限及逾期未募足时认股人可撤回所认股份的说明

图2－3　招股书需载明的事项

（4）公司章程。股份有限公司的章程，是股份有限公司最重要的文件，规定了公司最重要的事项。它是设立公司的基础，也是公司及其股东的行为准则。需注意的是，以募集方式设立股份有限公司的，发起人在制定公司章程后，必须召开由认股人组成的创立大会，经创立大会决议通过才能生效。

（5）公司名称。名称是股份有限公司作为法人必须具备的条件，需符合公司名称登记管理的有关规定，股份有限公司的名称还需标明“股份有限公司”字样。

（6）组织机构。股份有限公司必须有一定的组织机构，对公司实行内部管理和对外代表公司，包括股东大会、董事会、监事会和经理层。股东大会做出决议，董事会执行决议，监事会依法对董事、经理和公司的活动实行监督，经理由董事会聘任，并执行公司的日常生产经营管理工作，组织实施董事会决议。

（7）生产经营。股份有限公司必须有固定的生产经营场所以及必要的生产经营条件。

2.1.3 IPO 主体的选择

公司能否上市成功，除了要成立股份有限公司，其 IPO 主体的选择也非常重要。通常来说，主体上市的选择对清理和规范关联关系和关联交易，避免同业竞争以及 IPO 结果有着非常大的影响。公司股东及实际控制人名下的公司有很多，每个公司可能都存在或多或少的问题。所以，一定要选择问题最少的主体进行 IPO。

1. 主体选择需考虑的因素

一般来说，IPO 主体的选择需要考虑以下四个问题，见图 2－4。

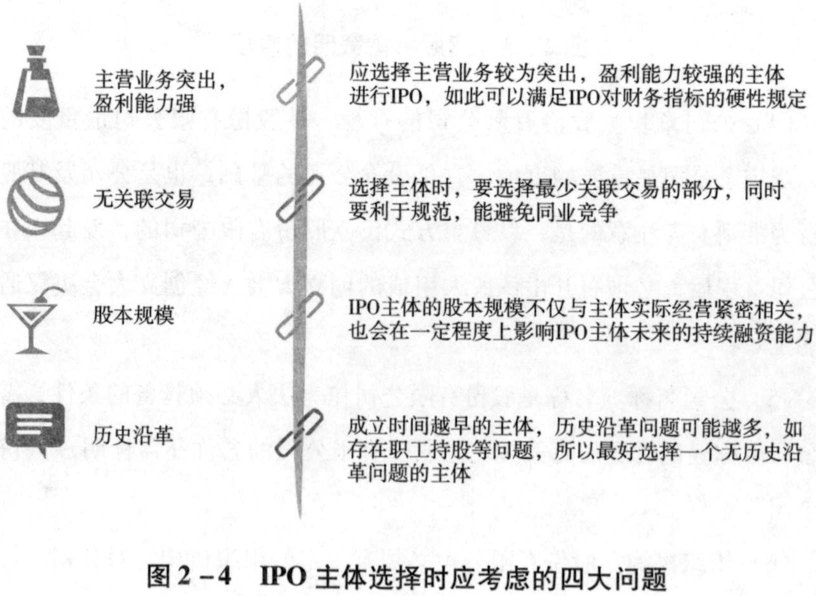

图 2－4　IPO 主体选择时应考虑的四大问题

2. 新设主体上市

实质上，不管公司选择哪个主体，或多或少都会存在上述的问题。要彻底避免这种情况，可以选择通过新设主体的方式进行 IPO。新设主体是指公司股东各自出资成立一个新的符合 IPO 条件的公司。那么如何新设主体呢？我们可以通过一个案例来了解一下。

2016 年 5 月，威龙葡萄酒股份有限公司通过新设主体的方式通过了 IPO。

2007 年 12 月 12 日，以威达商贸、王珍海为代表的 16 位发起人发起了创立大会，做出设立山东威龙葡萄酒股份有限公司的决议。股份公司成立时的主要资产为发起人投入的货币资金，尚未建立主营业务。公司设立前，王珍海持有威达商贸 100% 的股权，葡萄酒销售为主营业务。公司设立后，威达商贸的经营性资产被股份公司的子公司收购，至此不再经营任何业务。

烟台威龙在筹备 IPO 的过程中，因自身历史沿革复杂等原因，所以采取新设主体收购烟台威龙经营性资产的方法，达到 IPO 的目的。

根据审计资料显示，截止 2007 年 6 月 30 日，烟台威龙的资产为 49 709. 09 万元，负债 44 624. 57 万元，净资产 5084. 52 万元，存货、固定资产及无形资产的评估价格为 29 900. 90 万元。考虑到评估基准日与出售日之间因为经营以及摊销产生的价值变化，新设立的股份公司承接的烟台威龙包括债权在内的资产价值 34 855. 49 万元，债权价值为 32 574. 55 万元，资产债务差额为 2280. 94 万元。最终，双方以 2280. 94 万元的价格同意债权承接。

2007 年 12 月 20 日，新设股份公司与烟台威龙签订《资产收购协议》，协议约定“股份公司出资 2280. 94 万元人民币收购烟台威龙拥有的与从事葡萄酒生产经营相关的资产及相关负债。同时，烟台威龙拥有的本次收购资产，商标、专利等无形资产（不含土地使用权）无偿转让给股份公司。股份公司在受让烟台威龙相关资产时承继了收购资产的债务并接受、安置烟台威龙的职工，保障就业。”2010 年，烟台威龙宣布注销。

2.2 解决出资不真实、不规范问题

《首次公开发行股票上市管理办法》第十条规定“发行人的注册资本已足额缴纳，发起人或者股东用作出资的资产的财产权转移手续已办理完毕，发行人的主要资产不存在重大权属纠纷。”也就是说，公司要 IPO 成功，就要确认自己的资产无问题存在。

2.2.1 出资瑕疵

出资瑕疵具体表现为以下六种情况（见图 2－5）。

图 2－5　出资瑕疵的六种表现情况

1. 出资不到位

是指股东全部或部分未出资，财务报表显示的实收资本金额与在工商登记机关申请的注册资本不一致；或虽一致，但财务报表却显示截止至最近仍未收到应收股东出资款项。

2. 抽逃出资

是指申请注册资本时股东出资到位，但是，一办完手续就把部分或者全部资金抽走，而财务报表仍反映为应收股东款项，且表现为非经营性质，从而形成股东资金占用情况，最后导致实际出资不到位。另一种抽逃出资则表现为“虚假采购高估资产，提前单方面分配利润”，不过根据法律规定，如果证据充分，则不能简单地认定股东向公司借款就是抽逃出资。

3. 虚假出资资产价值

虚假出资资产价值表现为两种情况：一是指股东在用实物资产、无形或净资产出资时，评估作价比资产的实际价值高，以此来虚增资产及实收资本，从而导致部分出资不实；二是指用价值频繁变动的资产或对应的资本公积及未分配利润出资，在期后资产价值大幅度下跌时，也可能会导致出资不实的情况发生。

4. 评估调后转增资本

是指在改制时，因为对法规的认知错误，或是出于增加注册资本以及满足资质认证、投票要求等考虑因素，对公司本身所拥有的固定资产、无形资产进行评估，评估增值调整账务，增加资本公积，然后将资本公积转增注册资本。虽然这种情况，实质上资产价值没有虚增，但因不符合会计历史成本计量原则，所以也会被认定为出资不实。

5. 出资方式与实际不符

是指工商登记、验资报告反映的出资方式，与公司账务核算的出资不符，如登记为货币资金出资，但账务核算反映为存货、固定资产等实物资产出资。

股东出资时未按照《公司法》有关规定明确认可的财产与权利作为出资载体，因而存在出资不实的情况。如以销售渠道作价出资，但因在会计上无法可靠计量，就会被认定为出资存在瑕疵。

6. 无形资产出资比例超标

公司成立或增资时无形资产出资占净资产的比例超过了规定，即属于出资瑕疵。例如，2004 年 6 月 10 日，西安某自动化股份有限公司总经理杨怡以专有技术和专利作为出资资产，其评估价值超过 941.7 万元，占注册资本 62.78%。后该公司在申请 IPO 时，被认定为出资存在瑕疵，导致 IPO 被否。

除了上述问题，货币资金比例低于 30%、出资资产与公司经营业务无关、关联股东资金占用、出资资产来源不明晰、出资未经验资、出资不及时、设立方式与工商登记不符、出资手续不完善等都会构成出资瑕疵，对公司 IPO 造成实质性障碍。

2.2.2 解决出资瑕疵的方法

对上述拟 IPO 公司存在的出资瑕疵问题，可按照以下的方法与思路解决，从而减少 IPO 被否的风险。

1. 股东补足出资

不管是出现那种情况的出资瑕疵，公司都要确保出资到位，资本充足。所以，拟 IPO 公司需要求股东补足资金。补足出资的方式一般是通过以下几种（见图 2－6）。关于补足金额，不能采取“缺多少补多少”的形式，而是按照期末财务报表每股净资产折算出来的金额作为补足标准，剩余部分则计入资本公积。

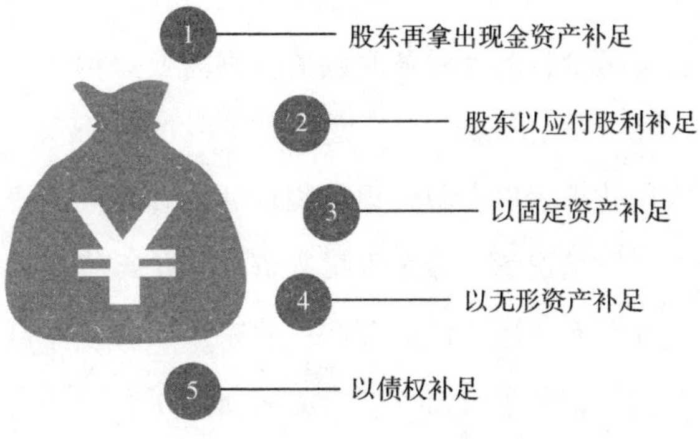

图 2－6　补足出资的五种方式

2. 瑕疵资产转让

拟 IPO 公司股东如果是以权属存在瑕疵的资产出资，其解决的办法有两种：一是把该瑕疵资产作价转让；二是由原股东用等额货币资金置换出瑕疵资产。需要注意的是，瑕疵资产的转让作价，不能低于原出资价值，否则还是会被认定为出资不足。

3. 验资报告复核

对于实际出资情况与验资报告不符的，但验资报告日前后已经缴足资本的或验资报告存在形式瑕疵的，可以通过让申报会计师出具验资复核报告，确定拟 IPO 公司的注册资本已实际到位。

如掌趣科技，就曾因验资报告存在形式瑕疵，而差点导致 IPO 被否。其原因是其子公司大连卧龙在股本演变过程中，公司设立及历次增资均未履行验资程序。掌趣科技进行了验资报告复核，才顺利通过 IPO。

4. 取得批文与证明

注册资本到位被质疑的，应尽可能取得工商部门确认问题已得到解决并免予处罚的明确意见；资产权属存在瑕疵的，可以通过取得国资委、上级单位及其他资产权属相关方的确认文件，以证明资产权属无瑕疵；划拨用地转让被质疑的，可以通过取得有批准权的人民政府、国资委的批文，以证明用地转让无瑕疵；涉及税务问题的，则需要取得税务机关免于处罚的证明文件。

如四川北方硝化棉股份有限公司就因权属存在瑕疵的资产出资，差点导致IPO被否。实际情况为：股东以报废资产作价出资，报废资产指已办理完报废手续，尚具有使用价值的资产；股东以未合法注销的子公司资产作价出资。未合法注销的子公司资产指股东所属子公司的资产，该子公司已注销，但注销程序存在瑕疵。

最后，该公司就是因为通过获得相关批文及证明，证明自己的出资资产权属没有问题。其批文有两种：一是上级单位、国资委的权属确认文件；二是工商确认子公司已注销的文件。

5. 股东承诺

即使《公司法》对出资不到位的情况已经有了明确的责任归属，但为进一步明确责任避免拟IPO公司的不必要纠纷，公司可要求股东出具对该出资承担相应责任的承诺书。其方式一般有三种，见图2－7。

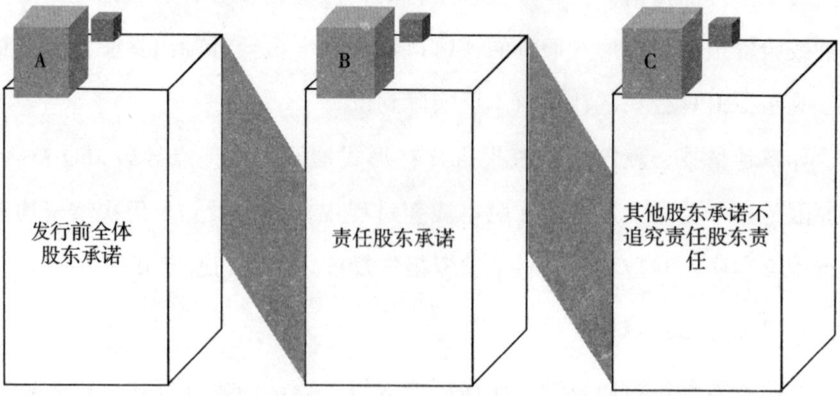

图2－7　股东承诺的三种方式

2.3 独立自主，不被控制

《首次公开发行股票并在创业板上市管理暂行办法》第十八条　发行人资产完整，业务及人员、财务、机构独立，具有完整的业务体系和直接面向市场独立经营的能力。

该条款对发行人的独立性做出了要求。独立性是与改制方案、公司规范运行等问题紧密相关，公司如果缺乏独立性将给公司的规范运行埋下隐患，不利于提高公司的质量，更有可能对中小股东的利益产生伤害。因此，公司必须将独立性视为其 IPO 计划的先决条件之一，需高度重视独立性对 IPO 结果的影响力。

2.3.1 资产独立

资产独立对于生产型公司与非生产型公司有不同的要求。对于生产型公司，要求主要体现在四个方面，见图 2－8。

所谓的非生产型公司，是指以提供服务而不是以生产工业产品为主营业务的公司，如现在的一些互联网公司。因其提供的是服务，无需像生产型公司一样要拥有包括厂房、机器设备以及产供销系统在内的生产体系，只需具备相关的业务体系和资产即可。

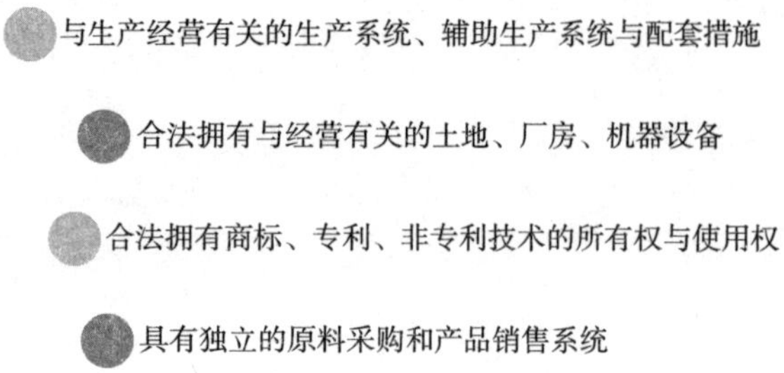

图2－8　生产型公司资产独立性的四个要求

如嘉兴佳利电子股份有限公司就因资产缺乏独立性而导致 IPO 被否。发审委做此描述：2009 年至 2011 年，公司与控股股东持续存在机器设备、存货转让等关联交易，存在大额资金拆借、相互代付电费、共用商标等行为。与《首次公开发行股票并在创业板上市管理暂行办法》（证监会令第 61 号）第十八条的规定不符。

2.3.2 业务独立

《首次公开发行股票并在创业板上市管理暂行办法》第十八条，“发行人业务独立，与控股股东、实际控制人及其控制的其他公司间不存在同业竞争，以及严重影响公司独立性或者显失公允的关联交易”。此规定的目的是考察公司是否独立进行生产经营，产品是否能够“自产自销”。业务是否独立，对同业竞争与关联交易有着非常大的影响。

2015 年 11 月 25 日，浙江天达环保股份有限公司被否。发审委对天达环保提出的两个主要问题：

（1）发行人从关联燃煤电厂取得粉煤灰后，部分直接作为水泥掺合剂和水泥缓凝剂进行销售。

请发行人代表说明为何关联公司不直接进行此项业务，发行人在此项业务方面是否存在合理性和重大依赖，未加工产品毛利远大于加工品毛利的原因，发行人与此项业务的主要客户是否存在关联关系；相关信息披露是否充分；请保荐代表人发表核查意见。

（2）发行人主要原材料固体废弃物的供应主要来源于实际控制人浙江省能源集团有限公司控制或能够施加重大影响的关联公司。

请发行人代表结合固体废弃物建材市场环境和从非关联方电厂取得粉煤灰等固体废弃物价格的变化情况，进一步说明固体废弃物总包模式的实际运作情况，该模式下固体废弃物定价的考量因素与特殊性，发行人固体废弃物关联交易定价的公允性，固体废弃物关联交易对发行人独立性的影响，发行人为保证关联交易公允性所采取的措施和建立的相应制度与机制，未来发行人自关联电厂取得固体废弃物关联交易价格的确定机制的合理性及相关业务的可持续性；请保荐代表人发表核查意见。

从发审委的审核意见，我们可以看出，天达环保是在业务上对实际控制人存在重大依赖，进而认定天达环保缺乏独立性。

浙江能源集团有限公司是天达环保的实际控制人，在报告期内，天达环保为浙江能源处理固体废弃物粉煤灰（含炉底渣）的处理量占总处理量比例由 2012 年的 64.42% 下降至 2014 年的 58.79%，但不管是否下降，从该比例就可以判断天达环保对浙江能源存在重大依赖，业务上缺乏独立性。

2.2.3 人员独立

发行人的总经理、副总经理、财务负责人与董事会秘书等高级管理人员不得在控股股东、实际控制人及其控制的其他公司中担任除董事、监事之外的其他职务，不得在控股股东、实际控股人及其控制的其他公司领取工资；发行人的财务人员不得在控股股东、实际控制人及其控制的其他公司中兼任职务。

如在 2016 年 10 月 12 日过会的无锡信捷电气股份有限公司就差点因为人员独立性问题，导致 IPO 被否。发审委对其提出了以下的问题：

请发行人代表进一步说明：（1）王卫东先生2000年1月至今任职于江苏苏亚金诚会计师事务所，现任合伙人、副主任会计师。发行人董事、副总经理兼董事会秘书张莉女士曾任职于江苏苏亚金诚会计师事务所，2012年2月进入发行人工作。王卫东先生担任发行人独立董事，是否具备独立性；（2）程明先生担任发行人独立董事，是否符合中组部《关于进一步规范党政领导干部在公司兼职（任职）问题的意见》和教育部的相关规定。请保荐代表人发表核查意见。

从发审委提出的问题中可以看出，因为王卫东在江苏苏亚金诚会计师事务所工作，又担任无锡信捷电气的独立董事，所以存在独立性和合法性的问题。

2.2.4 机构独立

发行人应当建立健全内部经营管理机构，具备独立行使经营管理的职权，与控股股东、实际控制人及其控制的其他公司间不能存在机构混同的情形。发行人的生产办公机构与控股股东、实际控制人及其控制的其他公司以及其他单位完全分离，没有混合经营、合署办公或是交叉管理的情况发生。发行人的各个内部组织机构与各经营管理部门需制定符合相关法律法规的规定制度，没有发生任何单位干预的情景。发行人的各个内部组织机构及各经营管理部门具备独立履行职能、独立开展经营活动的能力，不受相关人事控制和干预，并与控股股东、实际控制人及其各个职能部门之间不属于上下级关系。

机构不独立就代表着公司治理结构不够严谨完善，公司各部门之间不能有效监督。而经营机构和财务机构的混淆很可能会让公司间的责权利产生混乱，对公司的独立发展产生障碍，甚至会让证监会怀疑该关联之间存在逃避债务、转移资产的行为，从而影响IPO的结果。

如河南思可达光伏材料股份有限公司就因机构不独立导致创业板IPO

被否。发审委在审核中关注到：2011 年 3 月之前你公司与关联方沁阳思可达的总经理、财务负责人存在交叉任职；2009 年、2010 年沁阳思可达与你公司存在纯碱供应商的重合；你公司与关联方之间在 2009 年、2010 年、2011 年 1 月 ~3 月存在较多资金拆借。你公司独立性存在缺陷。

2.2.5 财务独立

发行人是否财务独立，主要表现在以下几个方面：一是公司建立独立的财务核算体系、能够独立进行财务决策；二是具备规范的财务制度以及对子公司、分公司的财务管理制度；三是发行人与控股股东、实际控制人及其控制的其他公司没有共用的银行账户。

财务数据是公司制定营业计划、制定公司发展战略的重要依据，如果在财务方面缺乏独立性，就意味着赖以做出经营决策的工具缺失，公司无法对未来的生产经营进行正确、科学地指引，无法在不影响公司运营的情况下最大限度地缩减成本开支，提高公司的利润率。

如中国南航集团文化传媒股份有限公司 2014 年申请 IPO 被否，就是因为财务不独立。证监会发布的反馈意见显示：南航传媒大部分资金存放于南航财务。2012 年度、2013 年度和 2014 年度，发行人分别取得存款利息收入 628.45 万元、816.8 万元和 1233.68 万元。证监会要求进一步说明发行人将资金安排存放于南航集团下属南航财务的背景，是否符合《首发办法》第十七条关于发行人财务独立性的要求。”

2.4 什么都能变，这三个不能变

《首次公开发行股票并上市管理办法》第十二条规定："发行人最近3年内主营业务和董事、高级管理人员没有发生重大变化，实际控制人没有发生变更。"也就是说，公司如果要IPO，就要从3年前开始准备，在这3年间，保证主营业务、董事、高级管理人员、实际控制人没有发生重大变化。

2.4.1 主营业务变更认定

主营业务的变更主要包括两个方面的内容：一是同一业务；二是报告期内主营业务。

1. 同一业务

《首次公开发行股票并在创业板上市管理暂行办法》第十三条规定："发行人应当主要经营一种业务，其生产经营活动符合法律、行政法规和公司章程的规定，符合国家产业政策及环境保护政策。"同一业务的含义是指同一类别业务或相关联、相近的集成业务，具体主要体现在以下三个方面，见图2－9。

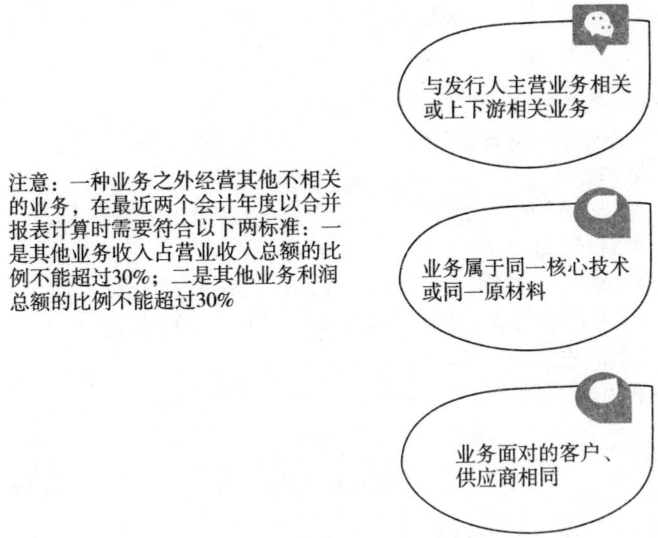

图 2－9　一种业务的认定标准与注意点

2. 报告期内业务

如果在报告期内，主营业务发生以下情况的变动，证监会也会认定是主营业务变更，从而对 IPO 产生影响（见图 2－10）。

2.4.2 董事、高管变更认定

对于董事、高管发生重大变化的认定，发审委并没有对此做出明确的标准。但一般会重点关注董事、高管变动原因和具体的变动岗位，是否有对拟 IPO 公司的实际运营产生重大的影响。

1. 以实质大于形式做判断原则

因《首发管理办法》只规定了报告期内董事、高管人员不得发生重大变化，并未做出具体的认定标准。所以在具体认定时，应该根据发行人的具体情况进行认定，并以“实质大于形式”为判断原则。

2. 围绕两个审核重点

在认定董事、高管是否发生重大变化时，可围绕两个审核重点去判

1.报告期内不能让主营业务的性质和内容发生实质性改变
2.报告期内谨慎进行上下游业务开拓，过度开拓也视为变更
3.报告期内不能让主营业务的运作模式发生实质性改变
4.报告期内的主营业务持续运营能力来自于公司本身，而不是被收购公司
5.报告期内不能让主营业务规模发生重大变化
6.报告期内不能让核心技术，主要是生产工艺发生重大变化
7.报告期内客户方面，主要是大客户和客户结构不能发生重大变化
8.报告期内营销方面不能发生重大变化
9.报告期内生产方面，包括生产流程、供应链在内不能发生重大变化

图 2－10　报告期内主营业务不能发生变化的九大方面

断：一是是否能保持公司控制权、管理层和核心人员的稳定；二是是否对公司生产经营的持续性、稳定性构成重大影响。

3. 三类变化情形

一般情况下，董事和高管变动主要有三种情况，见图 2－11。

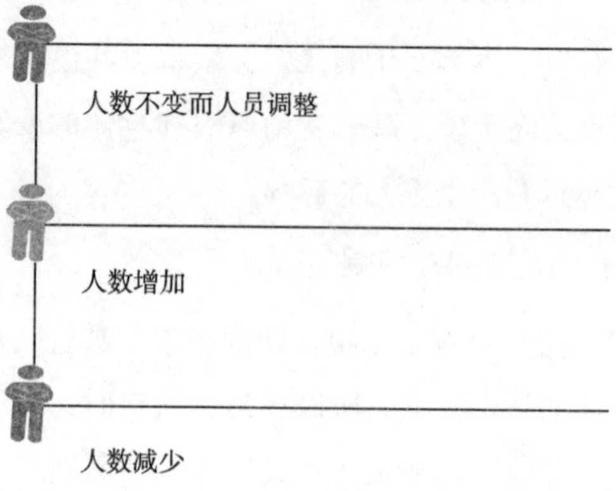

图 2－11　三类董事、高管变化情况

如果人数不变而人员调整，包含正常换届改选、为提高公司整体实力而进行人员调整；因个人原因离职的情形，只要说明相关情况则不视为重大变化；如果人数增加的理由是为了要加强公司规范治理，以及满足公司 IPO 的要求，则不认定为重大变化。人数减少的情形一般比较少见。

如长沙开元仪器有限公司在创业板 IPO 时，其申报资料中显示：最近两年董事从 1 名增加到 9 名，高管从 1 名增加到 7 名。证监会要求开元仪器对“董事、高管人员最近两年变化原因以及是否发生重大变化”做出解释。

开元仪器对此的回答分为两个部分：（1）公司在改制为股份有限公司之前，只有执行董事和总经理，实际控制人罗建文等核心管理人员共同决定公司生产经营的重大问题；（2）为了规范管理，符合 IPO 标准，因而增加了董事、高管职位。所以，不构成重大变化。

2.4.3 实际控制人变更认定

证监会认为《首发办法》第十二条规定要求发行人最近 3 年内实际控制人没有发生变更，主要是以公司控制权的稳定为标准来判断拟 IPO 公司是否具备持续发展、持续盈利的能力。如此，才能确保投资者是在对拟 IPO 公司的持续发展和盈利能力较为清晰的情况下做出投资决策，避免了伤害投资者利益的情况产生。

之所以会如此要求，就是因为公司的控制权往往会对公司的经营方针、决策和经营管理层的任免产生实质性的影响。因而一旦实际控制人发生变化，公司的经营方针、决策和业务运营也可能产生重大变化，给发行人的持续发展和持续盈利能力带来重大的不确定性。所以，要保证自己的 IPO 不被否，就一定要处理好实际控制人的问题。

1. 实际控制人的界定

根据《公司法》第二百一十七条第三款规定：“实际控制人，是指虽不是公司的股东，但通过投资关系、协议或者其他安排，能够实际支配公司行为的人。”

证监会将公司控制权界定为“是能够对股东大会的决议产生重大影响或者能够实际支配公司行为的权力，其渊源是对公司的直接或者间接的股权投资关系。”

综上所述，实际控制人是指虽然不直接持有公司股份，或者其直接持有的股份达不到控股股东要求的比例，但通过投资关系、协议或者其他安排，能够实际支配公司行为的自然人、法人或其他组织。

2. 无实际控制人情况下控制权未变更的认定

根据《证券期货法律适用意见第 1 号》，拟 IPO 公司不存在拥有公司控制权的人或者公司控制权的归属难以判断的，如存在以下情况则可视为公司控制权没有发生变更，见图 2－12。

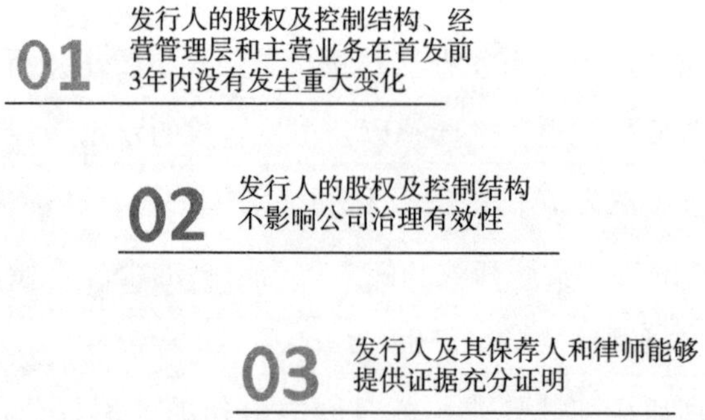

图 2－12　无实际控制人情况下控制权未变更的认定的三种情况

3. 国有公司股权无偿划转或重组情况下实际控制权未变更的认定

根据《证券期货法律适用意见第 1 号》规定：如果是因为国有资产监督管理的需要，国务院或者省级人民政府国有资产监督管理机构无偿划转直属国有控股公司的国有股权或者对该公司进行重组等导致发行人控股股东发生变更的，如存在以下情形，则不视为公司实际控制人发生变更，见图 2－13。

有关国有股权无偿划转或者重组等属于国有资产监督管理的整体性调整，经国务院国有资产监督管理机构或者省级人民政府按照相关程序决策通过，且发行人能够提供有关决策或者批复文件

发行人与原控股股东不存在同业竞争或者大量的关联交易，不存在故意规避《首发办法》规定的其他发行条件的情形

有关国有股权无偿划转或者重组等对发行人的经营管理层、主营业务和独立性没有重大不利影响

图 2－13　国有公司股权无偿划转或重组情况下实际控制权未变更的三种认定情形

3. 多人实际控股须符合的条件

公司多人共同拥有公司控制权的，应当符合以下条件：

条件一：每个实际控股人须直接持有公司股份或者间接支配公司股份的表决权。

条件二：发行人公司治理结构健全、运行良好，多人共同拥有公司控制权的情况对发行人的规范运作不造成影响。

条件三：多人共同拥有公司控制权的情况，一般应当通过公司章程、协议或者其他安排予以明确，有关章程、协议及安排必须合法有效、权利义务清晰、责任明确，该情况在最近 3 年内且在首发后的可预期期限内是稳定、有效存在的，共同拥有公司控制权的多人没有出现重大变更。

条件四：发行审核部门根据发行人的具体情况认为发行人应该符合的其他条件。

如普联软件就因实际控制人问题被证监会要求做出解释。证监会对此

做了阐述，招股书披露：王虎持有公司股份比例为 14. 25218%，为第一大股东；蔺国强股份比例为 14. 17096%，为第二大股东。两人合计持有股份比例为 28. 42314%。因其各自持股比例较低且持股比例接近，两人均不能单独对公司股东大会以及董事会决议形成重大实质影响，故公司无控股股东。本次发行后，王虎及蔺国强的合计持股比例将从发行前的 28. 42314%降至 21. 31749%。

请发行人：（1）结合公司发展历程，公司治理结构，规范运作情况，股东大会、董事会决议情况，董事、高级管理人员的提名及任免情况，说明认定王虎和蔺国强为公司实际控制人的事实和理由；说明报告期内且首发后的可预期期限内两人共同拥有公司控制权的稳定性安排；补充提供两人签署《一致行动协议》。（2）结合发行后王虎和蔺国强持有发行人股份比例与其他股东持股比例对比情况，说明发行人首次公开发行股票后是否存在实际控制人变更风险，如果有请做重大风险提示，同时说明发行人防范实际控制人变更的措施。请保荐机构、发行人律师逐项对照《证券期货法律试用意见第 1 号》关于“多人共同拥有公司控制权”的认定条件，说明两人共同拥有发行人控制权的真实性、合理性和稳定性，并对此进行核查并发表意见。

2.5 股权结构清晰明确

《首次公开发行股票并上市管理办法》第十三条明确规定："发行人的股权清晰，控股股东和受控股股东、实际控制人支配的股东持有的发行人股份不存在重大权属纠纷"。因此，股权清晰明确是上市公司 IPO 必备的条件之一。股权就相当于公司的政权，股权如果不稳定，公司的发展就无从谈起，更遑论 IPO。

2.5.1 产生背景

随着中国资本市场的逐步成熟，追求 IPO 的公司也未来越多，但不少公司却因股权问题折戟而归。为什么中国公司的股权问题越来越多？因为中国公司是伴随着中国独具特色的市场化进程成长起来的，所以它们都表现了独属中国的独特性，具体体现在以下两个方面，见图 2－14。

2.5.2 委托持股

内部委托持股是公司的常见问题，对此问题的解决方法也是大同小异，主要都是通过股权转让的方式来进行清理。从被否公司的情形看，证监会会重点关注委托持股问题。

创业初期埋下隐患

问题：对股东组成、股权比例缺乏深入思考，没有对股权架构进行通盘统筹

结果：受不良股东影响陷入内耗；产权混乱，无法找到上市主体；股权分散，上市后存在被敌意收购风险

国企改制民企

问题：受多方博弈复杂影响、改制不彻底，留下改制后遗症

结构：新老更替困难；缺乏活力、股权分散；工会持股不符上市规定

图 2－14　中国独特的股权结构属性

1. 委托持股的两种原因

委托持股一般是两个原因产生，其解决方式的侧重点各有不同，见图2－15。

01

规避200人股东进行委托持股

解决方式：通过受让方受让股东的有关股权

需解释四大问题：股权受让方的背景以及与发行人的关系；股权转让的价格是否合理；股权转让的有关决策程序是否完备；股权转让是否是转让方全部的真实意思表示，是否会存在潜在的风险和纠纷

02

不委托持股股东，人数也不超限

解决方式：通过受让方受让股东的有关股权

需解释的四大问题：公司发生委托持股的背景和真实原因；委托持股清理之后名义股东是否将股权全部转让给实际持有人，是否存在股东退出和新股东受让的情形；股权转让的有关决策程序是否完备；股权转让是否会存在潜在的风险和纠纷

图 2－15　委托持股的两种模式

委托持股期间股东权利享有与义务的履行情况，也是证监会的重点关注问题，如果委托持股期间受托人损害了委托人的利益，那么公司也有可能导致 IPO 被证监会否决。

晨光生物委托代持问题的处理为：该公司代持股的股东将其代持的股

份转让给非原委托方。公司从证监会重点关注的几个方面，如股权转让的原因、委托持股人是否知悉公司的上市计划、是否自愿转让并签订股权转让的协议、转让价格是否公允等去解释委托持股解决方案的彻底性。这其中代持股东与被代持股东签署的《确认函》、被代持股东向受让股权的股东及代持股东出具的《出资转让确认函》以及代持股东与受让代持股权的股东签署的《股权转让协议》都由公证处予以了公正，更加真实可靠。由此，避免了自己因委托代持被证监会否决上市。

2. 委托持股的持股方式

通常来说，委托持股的持股方式一般有以下几种：

第一种：内部员工直接持股。如果公司内部职工股一直处于托管状态，且股权转让相关情况也做了充分披露，并获得相关部门“认为不存在潜在股权和法律纠纷”的批文，内部职工持股就不会对公司 IPO 产生影响。

第二种：工会、职工持股会直接或代为持有。公司可以通过合理的价格向外转让股权，或者在股东人数的规定范围内以股权还原的方式进行规范。不过需注意估值问题，如果估值出现问题，在转让过程中可能形成矛盾，从而影响公司 IPO。

第三种：委托个人持股。公司可以通过在自然人之间进行股权转让的方式解决该种委托持股。转让时需注意价格合理性以及转让行为的真实性。

第四种：信托持股。公司可以通过解决信托协议，并转让相关股权，使股东人数降至 200 人或以内。

2.5.3 股权质押

股权质押是指为了保障债务的履行或债权的实现，公司股东将手上的股权出质给债权人或第三人。当债务人不履行到期债务或发生当事人约定的实现质权的情形，债权人就有权享受该质押财产的优先受偿权利。股权质押作为公司的一种融资担保的手段，在上市公司中并不少见。但是拟IPO公司如果存在股权质押情况，很可能会引发股东、实际控制人发生变化，因而对公司上市产生实质性障碍。

控股股东应尽量避免进行股权质押，如果必须进行，需考虑比例问题。如果质押比例过大，就需在上市前清偿债务或是变更担保方案。如比例小，则存在解释空间，解释思路的问题（见图2－16）。

01 / 说明股权质押相关情况

02 / 证明股权质押属正常商业行为,已履行相应程序，行为合法有效

03 / 证明股权质押比例小，对公司构不成大影响

04 / 证明公司具备较强的偿债能力和充足的现金流，无法偿法的可能性小，不会发生因争议被司法查封、处置的情形

图2－16　对小比例股权质押的解释思路

如幸福蓝海就存在小股东小比例股权质押情况。2011年11月29日，质押人吴秀波与质权人南京业图商贸有限公司签订《股东出质合同》，吴秀波将2%股份出质，以获得南京业图40 000 000.00元借款。

同日，质押人邹静之向质权人上海鼎和出质幸福蓝海0.4%股份，并签订《股权出质合同》，以获得对方90 007 672.69元借款。

鉴于2015年12月8日，吴秀波与南京业图已注销股权质押，幸福蓝海只做了相关信息的披露，并未做出解释，因而被证监会质疑。

2.5.4 交叉持股

交叉持股，是指公司互相投资，互相成为对方的出资人并持有对方股

权。交叉持股虽然有利于稳定公司的股权结构，加强公司间的合作，但如果交叉持股过于频繁，也很可能导致公司股本虚增，存在与公司资本维持、资本充实原则相悖的嫌疑。因此，证监会对于存在交叉持股的公司会保持怀疑态度。

拟 IPO 公司如要确保 IPO 上市成功，最好在 IPO 前进行清理。关于交叉持股的解决方式一般有两种：一是减资；二是转让。不过减资涉及的程序较为复杂，一般都是采取转让的模式。转让也不一定能完全排除虚假增资的嫌疑，但根据中国当前的 IPO 审核情况，证监会会更多地从外部股权结构的形式上去把握交叉持股的清理，不会对资本是否充实进行实质性审核。

需要注意的是交叉持股不止是本公司与其他公司之间，还包括公司大份额股东与其他公司的交叉持股。

方正证券就曾因交叉持股过于频繁，而差点导致 IPO 夭折。在处理了交叉持股问题后，2011 年 8 月，方正证券终于 IPO 成功。

方正证券的第二大股东是利德科技发展有限公司，主营业务为实业投资和投资咨询，注册资本为 3 亿元，其股东有三家，分为是：都市华鼎文化发展有限公司，占 55.67%；上海钰越投资有限公司，占 30.33%；上海方融贸易发展有限公司，占 14.00%。但是这三家股东都与利德科技之间交叉持股，三者再加上与其他公司的循环持股，因而利德科技的最终控制人并不明确。而利德科技最终控制人的不明确，影响了其在方正证券的持股稳定性，因为不知什么时候，会因为控制人问题导致利德科技抽离在方正证券的股权。

2.6 别让股权激励毁了IPO

股权激励是公司为了留住核心人才使其与公司结成利益共同体，从而实现公司的长远发展，而进行的一种长期激励机制。因此，不管是已上市公司还是非上市公司对股权激励都非常看重。

证监会对拟IPO公司的基本要求是股权清晰稳定，在申报材料前股权必须权属明确，不存在不确定性，期权和回购或者限制转让条款必须终止。而对于股权激励这种可能造成股权不稳定的因素，证监会也要求在申报时终止。

2.6.1 股权激励相关规定

《公开发行证券的公司信息披露内容与格式准则第28号——创业板公司招股说明书》第三十七条规定："发行人应披露正在执行的对其董事、监事、高级管理人员、其他核心人员、员工实行的股权激励（如员工持股计划、限制性股票、股票期权）及其他制度安排和执行情况。"

但是，《公开发行证券的公司信息披露内容与格式准则第1号——招股说明书（2015年修订）》及《首次公开发行股票并上市管理办法（2015年修正）》都没有相关规定。《首次公开发行股票并上市管理办法》第十三条只规定了："发行人的股权清晰，控股股东和受控股股东、实际控制人支配的股东持有的发行人股份不存在重大权属纠纷"。

因此，申请主板、中小板进行IPO的公司如存在股权激励计划就必须实施完毕或者终止才能申报发行上市，而创业板则允许探索实施股权激励，但是要做好信息披露工作。如果股权激励的后续安排会对公司的股权结构产生影响，那么即使在创业板进行IPO，也必须在申报前清理掉。

2.6.2 三个方法，效果与规则两不误

如果拟IPO公司要在创业板上市，如何才能保证股权激励不会影响公司股权结构的清晰和稳定呢？可以按照以下三个方法进行。

1. 搭建适合的持股平台

越来越多的公司在实施股权激励时，选择建立持股平台来间接持有公司股权。因为激励对象包含在持股平台内，而持股平台的变动对公司的股权结构并不会构成直接影响。

同时，通过持股平台，公司可以最大限度的实施股权激励的目的。在持股平台内，公司可以对被激励对象做出较大的限制，比如股票转让时间锁定、违约金或者补偿的实施、对实施股权激励的主体进行股权回购。

2. 合理设定股权激励时间

根据上文所述，公司只要在申请IPO前将股权激励实施完毕即可。所以，这就要求公司在一开始设计股权激励方案时，对股权激励实施的时间有合理且准确的设定，保证自己在申请IPO前将股权激励计划实施完毕即可。

3. 对激励对象做出规定

如果公司不得不终止股权激励计划，那么为了保证已经被授予股权激励的对象在公司IPO后，仍保持对公司的向心力，那么就要对激励对象做

出一定的规定。比如在实施股权激励计划时，要求激励对象主动承诺IPO后的股票锁定期，或者在公司IPO后无故离职或者做出损害公司利益的，应对公司以支付违约金或者赔偿损失等以金钱方式的补足，来保证股权激励性。

如富安娜家居在申请IPO前，就终止了股权激励计划。不过采用了由激励对象出具的《承诺函》的方式继续对激励对象进行约束。《约定函》规定：持有原始股的员工“自承诺函签署日至公司上市之日起3年内，不以书面的形式向公司提出辞职、不连续旷工超过7日、不发生侵占公司资产并导致公司利益受损的行为，若违反上述承诺，自愿承担对公司的违约责任并向公司支付违约金。”

富安娜的这种方式，实为原限制性股票激励计划回购条款的变通和延续，体现了激励与约束相结合原则，并不违反公平原则，因而被法院认为合法有效。

第 3 章
财务核查：别让你的企业“带病申报”

纵观历年来被否的 IPO 案例，财务是最大的主因，比如审计会计、税务规划、盈利规划、资产负债等关键的财务指标是否达到标准，是否存在逃税漏税、财务操纵等行为，都是导致 IPO 被否的具体原因。如果拟 IPO 公司想顺利过会，一定要在申请 IPO 之前将财务问题整改到位。

3.1 不管查什么，基本要素不能丢

财务核查涉及的非常广泛，需要核查的财务指标更是多不胜数。但是不管查什么，一些基本要素是不能缺少的。比如核查的目的、标准、依据、范围，这些都是在进行财务核查前就需要明确下来的。

3.1.1 财务核查的目的

进行财务核查的目的不外乎以下三个：一是合理确信拟 IPO 公司申报的财务资料符合法律法规及会计准则的规定；二是合理确信财务会计资料在重大方面正确、真实地反映了报告期内公司的财务状况、经营现状以及现金流量；三是正确判断公司是否符合各个板块的 IPO 条件。

3.1.2 财务核查的四大原则

在对自己的财务进行核查时，可以根据证监会对拟 IPO 公司财务核查的原则标准进行（见图 3－1）。

1. 监管要依法、从严、全面

监管部门将全面围堵“IPO 财务造假”，进一步完善监管流程和工作效率。因此对于财务核查提出了三个要求：依法监管、从严监管、全面监管。拟 IPO 公司可以根据证监会的三个要求来对自己的财务进行核查。

图 3－1 IPO 财务审核四大原则

2. 审查要合规、系统、整体

IPO 财务审核的范围非常广，包括申报公司的历史沿革、股权变动、整体变更、并购重组、关联交易、同业竞争、业务演变、经营模式、行业竞争、治理架构、会计基础工作等方面。在此基础上，证监会对此提出了合规性、系统性、整体性的要求。因此，拟 IPO 公司在审核在的财务时，也要符合合规、系统、整体性的要求，而不是自己认为应重点审核哪方面就重点审核哪方面。

3. 严格把控财务会计信息披露

证监会会从行业、业务、财务的角度严格审核拟 IPO 公司提交的信息资料，把好资本市场的入门关。因此，拟 IPO 公司在准备财务会计信息时，要在真实的基础上，达到“充分、完整、准确”的要求，并且保证及时性。

4. 要求资本市场主体负责任

监管部门明确要求，保荐机构要严格把关，防止拟 IPO 公司“带病申报”。证监会会着重关注发行人申报期内的盈利增长情况和异常交易，以防止利润操纵。

除此之外，证监会会要求券商控制风险，建立健全的内控制度，充分发挥内核、风控部门的作用，督促项目人员做好工作底稿和工作日志，建立相应的复核、内审制度，尽全力避免欺诈发行风险的产生。

针对证监会的严格要求，拟 IPO 公司更要注意财务会计上的问题，确保没有盈利增长异常和异常交易的情况存在。

3.1.3 财务核查的依据

发行人在准备财务，核查财务问题时，需要以相关的法律法规为依据，如此才能保证自己的判断标准是正确的，改正结果是有效的。一般来说，IPO 财务核查的依据包括以下四种。

1. 与 IPO 相关的法律法规

如《首次公开发行股票并上市管理办法》《证券法》《公司法》《关于进一步提高首次公开发行股票公司财务信息披露质量有关问题的意见》，等等。

2. 企业会计准则

如《会计基本准则》《38 项个体准则》《企业会计准则解释第 1、2、3 号》《企业会计准则实施问题专家工作组意见第 1－3 期》，等等。

3. 注册会计师准则

如《注册会计师业务准则》鉴证业务准则：审计准则、审阅准则、其他鉴证业务；相关服务准则：对财务信息执行商定程序和代编财务信息；《会计师事务所质量控制准则》。

4. 信息披露规定

如《信息披露内容格式准则 28 号——创业板公司招股说明书》《信息披露内容格式准则 29 号——首次公开发行股票并在创业板上市申请文件》

《信息披露编报规则9号——净资产收益率和每股收益的计算及披露》《信息披露编报规则15号——财务报告的一般规定》《信息披露编报规则17号——外商投资股份有限公司招股说明书内容与格式特别规定》，等等。

3.1.4 财务核查的范围

公司财务的范围非常广，只有明确证监会重点关注的财务核查范围，公司在准备财务时才能有的放矢、分清主次。一般而言，证监会对拟IPO财务核查的范围包含以下几个方面：招股说明书、审计报告及财务报告、原始财务报表与申报财务报表的差异比较表、盈利预测报告及审核报告（如有）、内部控制相关文件、经注册会计师核验的非经常性损益明细表、纳税情况的说明及税收优惠、财政补贴的证明文件、资产评估报告（含土地评估报告）及其确认（备案）文件、验资报告、保荐机构关于发行人成长性的专项意见。

3.2 准备工作：IPO 未动，财务先行

都说“不打无准备之仗”，否则仗未开打，便已输了一半，IPO 也是如此。不管是在哪里申请 IPO，国外还是国内，主板、创业板还是中小板，都需要对自己的财务状况进行一定的准备。况且，证监会对拟 IPO 公司的财务要求非常严格，多数公司 IPO 被否都是因为财务问题。所以，拟 IPO 公司千万不能忽略了财务准备的工作。一般来说，财务准备包含以下四个方面的工作。

3.2.1 对公司财务状况进行优化

公司 IPO 前包含多项指标，比如公司的年营业额、毛利润额、净利润额、资产情况、资金情况、负债情况。最为重要的三项是偿债能力、运营能力以及盈利能力。公司在 IPO 中必须对这些财务关键指标进行优化，比如提高自己的资产，加强自己的偿债能力；并购主营业务成熟健康的公司来优化自己的主营业务运营能力；降低生产、运营的成本；排除一切会导致持续盈利下降的潜在风险；提高自身的持续盈利能力，等等。

优化公司的财务状况并不是一朝一夕的工作，公司在决定 IPO 前就应该做好准备。比如盈利能力，主板、创业板对拟 IPO 公司的盈利能力有一

定的指标要求，“最近3年连续盈利且最近3年累计净利润不低于3000万元。”所以，在申请IPO的三年前就要保证自己每年都能盈利，且保证累计净利润不低于3000万元。

昊海生物因持续盈利能力存疑被否。证监会发审会认为，昊海生物用于生产透明质酸钠产品的主要原材料——HA精粉、粗粉，报告期内均系向唯一供应商——山东福瑞达生物医药有限公司采购；而山东福瑞达生物医药有限公司系公司医用透明质酸钠产品的主要竞争对手。上述情况表明，公司向竞争对手采购主要原材料可能对公司持续盈利能力构成重大不利影响。

3.2.2 对公司财务报表进行完善

公司财务报表主要包括审计报告，主要是指资产负债表、损益表、现金流量表三大会计报表（见图3－2）。

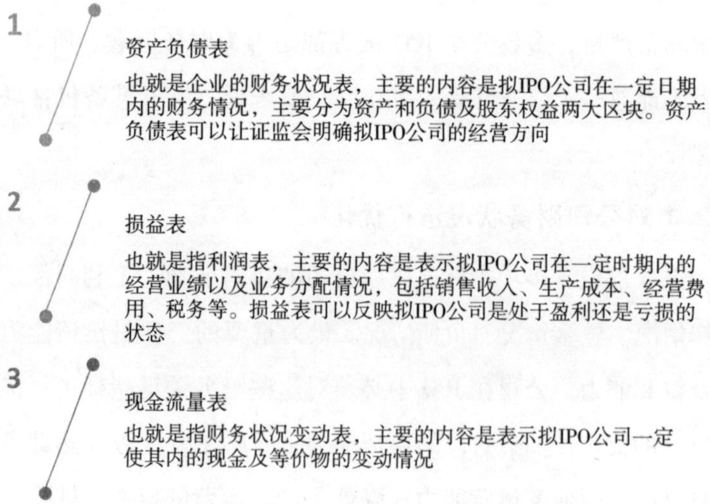

图3－2　公司财务三大报表

公司IPO前的审计报告是整个公司是否具备IPO资格的核心，是整个公司的现金流动、整体损益、是否负债的全面反映。毫不夸张地说，这些财务报表的数字直接决定了公司 IPO 的结果，所以一定要做好三大表报的工作，使其在真实、准确的基础上，能反映出拟 IPO 公司的财务乐观情况。

如浙江迪贝电气股份有限公司于 2014 年 9 月 10 日，被证监会发审委公告 IPO 未通过。根据其提交的损益表和资产负债表显示，其 IPO 被否的原因有二：一是存在毛利率波动风险；二是资产负债率高于同行。

招股书显示：2013 年、2012 年、2011 年，发行人综合毛利率分别为 18.57%、16.73%、15.22%，但是其毛利率提高的原因是原材料价格下跌。同时，最近 3 年，产品价格变动、产品结构变化、劳动力成本上升、制造费用变动都对发行人的毛利率造成了影响。因此，证监会发审委认为其毛利率存在波动风险。

招股书显示：2013 年 12 月 31 日、2012 年 12 月 31 日、2011 年 12 月 31 日，迪贝电气资产负债率分别为 55.39%、62.38%、65.33%。与同年其他的同类公司相比，高出行业平均值 6 个百分点。高资产负债率会给迪贝电气带来巨大的资金压力。

3.2.3 加强财务风险管理

防范公司财务风险是财务管理的一个重点内容，财务风险主要包括两个方面的内容：一是资金风险，实际回报率因各种因素造成的不确定性；二是资本风险，拟 IPO 公司资本金过少，因而缺乏承担风险损失的能力，缺乏对存款及其他负债的最后清偿能力，使拟 IPO 公司的安全受到威胁的风险。两项风险都属于可控风险，对于第一项，拟 IPO 企业只需要通过各种做账渠道即可平衡资金风险。同时，还需要加强不良资产的回收，有效回收其他公司、机构及个人所欠资金及资产；对于第二项可以通过主动增加资本金的方式，筹集更多的经营资金，提高抗风险的能力。

3.2.4 做好组织变更和业务转型工作

在 IPO 前，需要做好组织变革和业务转型工作，让公司的财务状况达到最佳状态。组织的具体变革包括去除冗余的组织结构，建立公司欠缺的组织结构；业务的转型包括对不景气的业务进行一定范围的剥离，使公司的财务情况不受不良业务的影响。

3.3 佛靠金装，财务也要包装

有不少财务存在问题的拟 IPO 公司，为了能顺利过会，对公司财务进行了包装，从而伤害了不少投资者的利益。因而，证监会对拟 IPO 公司的财务审核非常严格。但是，此处的财务包装并不是指这种非法的财务包装，而是指对公司财务的不足之处进行合理、合法的处理以及规范。那么，拟 IPO 公司该如何“包装”公司财务呢？

3.3.1 分析财务指标的异常性

在包装公司财务之前，首先要了解哪些财务内容需要包装。因此，公司要先找出财务指标的异常性，主要关注以下财务指标的异常性。

1. 盈利能力指标是否存在异常

盈利能力指标主要包括毛利率、利润率等指标。一般准备 IPO 的公司都是属于行业的佼佼者，其盈利能力应不会低于同类公司。所以，拟 IPO 公司的毛利率、利润率等指标应该与行业平均值相当。如果拟 IPO 公司在商业模式、核心技术、业务管理等方面有独特优势，其盈利能力指标应该高出行业平均值。如果没有达到行业的平均值，那么就代表公司的盈利能力指标存在异常，需要对其进行“包装”。

2. 业务发展趋势是否存在异常

业务发展趋势的关注重点是增长率、净利润增长率等指标。保持一定的增长率，是优质成长型公司的基本特征。所以一般情况下，拟IPO公司的业绩增长应该高于沪深股市上市公司业绩平均增长速度。根据以往数据，成熟行业中优质公司的收入增长率应达到30%以上，科技网络类优质公司的年增长速度应达到50%以上；创新型公司的年增长速度应达到80%以上。拟IPO公司可以根据自己的行业类型来判断自己是否达到了标准速度。如果相差太多，那么就代表公司业务发展趋势存在异常，需要对其进行“包装”。

3. 资产结构与效率是否存在异常

资产结构和资产效率的主要关注点是货币资金、应收账款、存货、固定资产、银行借款、应付账款、其他应付账款、存货周转率、应收账款周转率等指标。这些指标一般与拟IPO公司所处行业、商业模式、财务政策有很多的联系。如果这些指标存在问题，拟IPO公司就要考虑是否行业变动、是否财务政策发生巨大改变、自己的商业模式是否存在巨大问题。如果有，就需要对其进行“包装”。

3.3.2 两个方法调整财务异常

找到了财务指标的异常处，接下来的工作就是对这些异常指标进行“包装和调整”。通常情况下，拟IPO公司会采取以下两个方法。

1. 局部调整法

通过对某一种或某一类业务进行业务结算方式和会计处理方法的改变，来调整不理想的财务指标，只调整不理想指标，不改变其他财务指标。其内容主要包括：收入和费用的跨期调整、成本核算办法的技术调整、收入确认标志的政策调整以及其他重大会计政策的调整。

2. 系统重塑调整法

如果公司的业务体系、管理机制与核算模式不够规范，并由此导致主要财务指标不理想，也就是指 IPO 基本条件都很难满足，那么就需要重组公司的资产、业务，重新设计业务结算方式和会计核算模式，直至符合 IPO 条件。系统重塑调整法涉及的工作量、成本费用非常庞大，需要慎重考虑。

使用系统重塑法需要特别注意一点：拟 IPO 公司在拟定财务无异常的处理方法时，必须经过“目标设定”“情况调查”“差异分析”“方案拟定”“可行论证”“操作细则”等程序，并且必须严格按照有关法律和会计准则的规定策划财务包装方案。

3.3.3 五个方面做好财务规划

除了要找出财务指标异常并进行调整，拟 IPO 公司还需要对自己的财务进行合理的规划。IPO 财务规划具体包括五个方面的内容。

1. 会计政策选用规划

选用会计政策的目的是为了能达到证监会所要求的合法性与合规性，在规划时需要做到六点，见图 3－3。

2. 持续盈利规划

在公司持续盈利的规划中，可运用财务会计手段，其包含的内容主要见图 3－4。除此之外，在持续盈利规划中，还要注意管理层可能存在的问题，其包含的内容主要见图 3－5。

3. 资本负债结构规划

《公司法》和《证券法》对公司的资本负债结构做出了规定。比如：对外投资占净资产有 50% 比例规定；发行人前一年末负债比例有 70% 的限制；无形资产在净资产比例中不得高于 20%。所以，公司在 IPO 前要对自

图3-3　会计政策选用规划需注意的六点

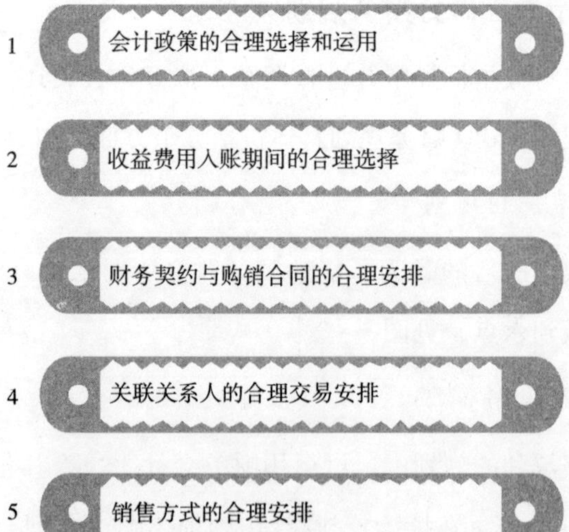

图3-4　运用财务会计手段包含的五大内容

己的负债结构进行合理的规划，使其符合相关规定。在规划时，拟IPO公司需要注意四个问题，见图3-6。

图3-5 管理层可能存在的四大问题

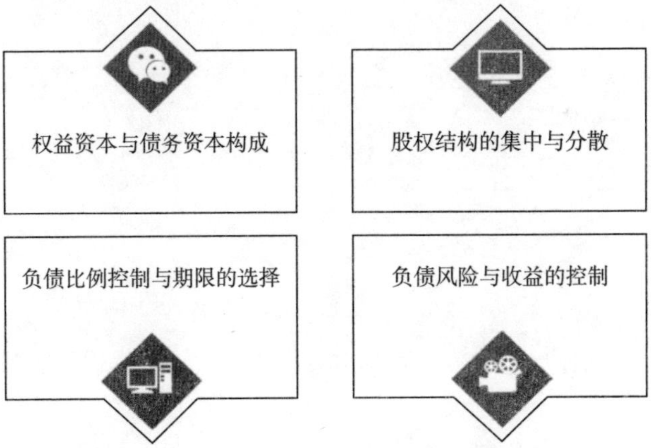

图3-6 资本负债结构规划需注意的四大问题

4. 税收与政府补贴规划

如果公司有IPO目标，就必须在初始阶段就对税收和政府补贴做出规划，防止形成过度依赖。税收方面，需要特别注意的是：固定资产购置发票缺失补税、土地增值税、营业收入增值税、所得税等。

5. 关联交易处理规划

关联交易处理规划的内容主要是指具有关联关系之间发生的销售购买行为或者服务行为是否形成关联交易，可以用控制权及重大影响来界定。由于关联交易问题非常复杂，所以拟 IPO 公司最好能够完全避免关联交易的发生或是尽量减少发生。

3.4 对症下药，掌握财务审核关注点

发行人在做财务准备时，常常不知道从何入手，也不知道自己准备的方向对不对。其实，发行人完全可以按照证监会的财务审核关注点进行财务准备，如此不仅能减少财务瑕疵，还能减少不少工作量。

3.4.1 审核 IPO 条件中财务相关部分

拟 IPO 公司在对自己进行财务核查时，首先要关注的就是 IPO 条件中关于财务要求的部分，看自己是否已经达到了相关的财务指标。IPO 条件中关于财务的要求主要包含九个内容。

（1）核查公司最近 3 年财务会计文件是否有虚假记载情况；（2）公司改制时，是否有按原账面净资产值折股整体变更为股份有限公司；（3）公司的成长性和盈利是否达到了各个板块的要求；（4）公司是否存在未弥补亏损；（5）注册资本额缴纳是否有瑕疵；（6）是否依法纳税，是否存在税收优惠依赖；（7）财务是否独立；（8）利润分配是否实施完毕（利润分配方案中如果包含股票股利或者转增股本的，必须追加利润分配方案实施完毕后的最近一期审计）；（9）无形资产占比是否符合条件。

3.4.2 对验资、内控、资产评估、税收、盈利预测进行审核

对于财务核查，拟 IPO 公司还要把重心放在五个方面：一是验资；二是内控；三是资产评估；四是税收；五是盈利预测（见图 3－7）。

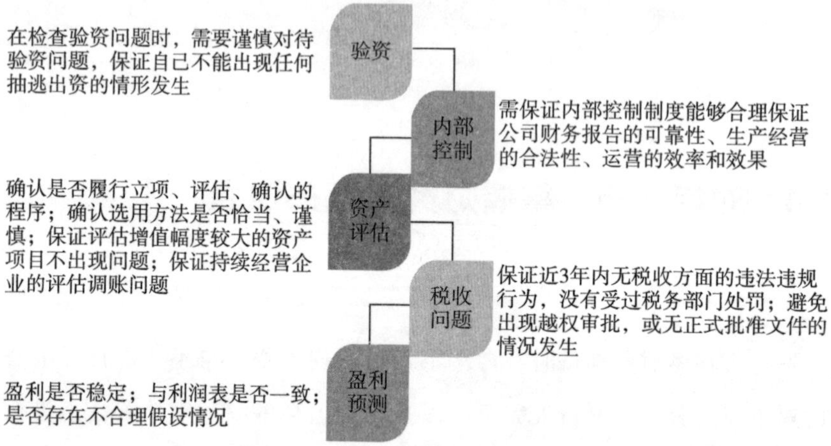

图 3－7　财务核查的五大重心

3.4.3 对财务报表项目进行审核

财务报表是公司的财务核心，也是证监会审核拟 IPO 公司是否存在财务问题的主要资料来源。所以，在申请 IPO 前，先确认自己财务报表是否存在问题。

关注点一：合并项目。核查合并报表是否出现了以下两种情况（见图 3－8）。同时，重点关注是否出现资不抵债或子公司超额亏损的情况。

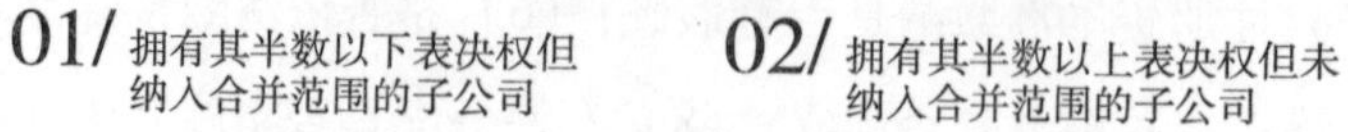

图 3－8　合并报表需关注的两种情况

关注点二：现金流量。在核查该表时主要关注三点并对此做出调整：一是是否有经营活动现金净流量与营业不匹配、相关过大的情况出现；二

是是否有经营活动现金流量为负的情况出现；三是是否有其他现金流量为负的情况出现。

关注点三：固定资产。核查时主要关注三个问题（见图 3－9）。可以采取折旧方法，包括年限平均法、工作量法、双倍余额递减法以及年数总和法。

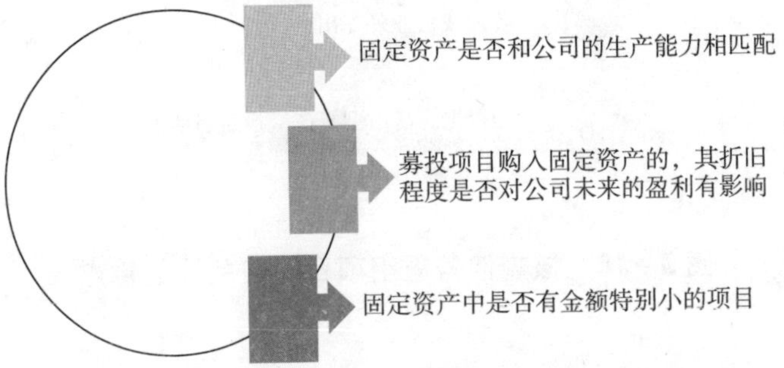

图 3－9　审核固定资产时需关注的三个问题

关注点四：无形资产。在审核财务报表中的无形资产时，需要重点关注三方面：一是无形资产的范围；二是无形资产的分类，如使用寿命有限的无形资产有多少，使用寿命不确定的无形资产有多少，这些会对公司的未来盈利造成什么样的影响；三是允许部分开发费用资本化的，在开发阶段的支出确认是否符合无形资产的条件。

关注点五：资产减值。在审核财务报表中的资产减值时，应重点关注两个问题：一是是否明确了资产减值损失已经确认在以后会计期间不得转回的问题；二是因公司合并所形成的使用寿命不确定的无形资产，不管是否存在了减值迹象，是否每年都对其进行合法合规的减值测试。

关注点六：职工薪酬。在审核该项目时主要关注两点：一是辞退福利产生的预计负债是多少；二是是否设计了股份支付。

关注点七：债务重组。在核查该项目时主要有四个关注点，见图 3－10。

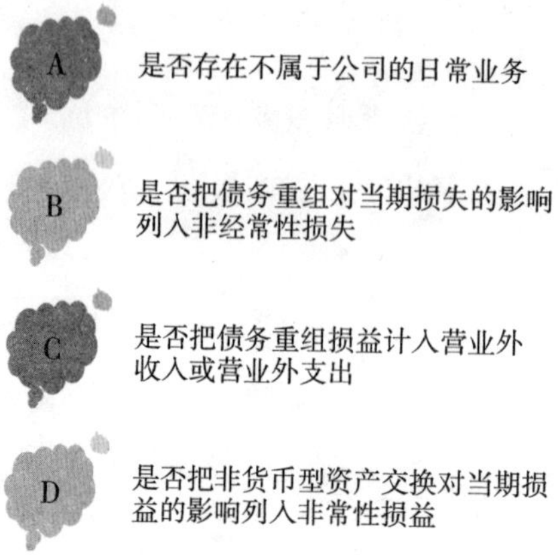

图3－10　核查债务重组项目时应关注的重点

3.5　把脉税务，逃税漏税不能有

税务问题一直是 IPO 被否的主要原因之一。如果在准备 IPO 阶段出现税务问题，很可能就会导致 IPO 被否。税务风险不但会给拟 IPO 公司带来重大经济损失，还有可能进一步影响公司价值。在现实工作当中，就有不少公司因历史遗漏的税务问题延缓 IPO 上市，甚至放弃。所以，拟 IPO 公司在核查可能出现的财务问题时，一定要重点关注税务问题。

3.5.1 偷税漏税

监管层涉税审核关注的重点是申报企业的偷税、漏税行为是否存在重大违法违规的因素，如果该因素对公司业绩的影响较小，一般就不构成上市的实质性障碍。

拟 IPO 公司需要明确的一点是，鉴于过往的审核案例，不少存在严重偷税、漏税问题的公司“恶意闯关”，通过非法途径获得税务机关将其偷逃税行为认定为非故意或欠税行为的文件，从而导致在法律上不构成重大违法违规行为的情况。因而，证监会如果有理由认为拟 IPO 公司存在重大税务问题，那么即使取得了相关文件，也不会认可。

如某公司在 2011 年 8 月 12 日申请 IPO 被否，就是因为假外资两年漏税过亿，并通过非法手段获得被认定为欠税行为的文件，而导致证监会质疑，最后无法提供有利解释而导致IPO被否。

该公司的招股书明确提出：“发行人前身某某有限公司为中外合资企业，发行人为外商投资股份有限公司，本次发行前执行企业所得税‘两免三减半’优惠政策。”但是，该公司曾经历几次大比例的股权转让，因此，该公司已经不属于外商投资公司性质，无法享受国家给与的“两免三减半”的优惠政策。

《国家税务总局关于外商投资企业和外国企业原有若干税收优惠政策取消后有关事项处理的通知》第三条规定：2008年后，公司生产经营业务性质或经营期发生变化，导致其不符合《外商投资企业和外国企业所得税法》规定条件的，仍应依据《外商投资企业和外国企业所得税法》规定补缴其此前（包括在优惠过渡期内）已经享受的定期减免税税款。

《外商投资企业和外国企业所得税法》第8条规定：外商投资企业实际经营期不满10年的，应当补缴已免征、减征的企业所得税税款。

3.5.2 欠税补缴

对于补缴所产生的延迟纳税，相关税务部门会对该公司收取税收滞纳金，或采取税收处罚，如果金额巨大，就有可能影响公司IPO上市后的业绩以及股东权益。所以，证监部门对于申报公司中存在的欠税补缴问题非常关注。根据以往监管层要求，拟IPO公司所欠税款需要全部缴清，并获得主管税务机关出具的相关证明文件，以及控股股东的承诺书才能核准上市。现在政策放宽，无需全部缴清，但仍需要详细披露有关欠税补缴的情况。证监会会根据披露的信息判断欠税补缴的行为的性质。

如上海天玑科技股份有限公司就曾因重大欠税行为导致创业板IPO被阻止。相关资料显示：天玑科技在税收方面存在瑕疵。具体体现在四个方面：一是征税方式错误，天玑科技招股书显示，其成立时间是2001年，从

2003 年起按照核定征收方式征收企业所得税，而到 2008 年，天玑科技却将征收方式变更为查账征收；二是欠税风险，2009 进行股份制改制时，未分配利润折股应缴纳 900 万个人所得税，然而实际控制人并未按规定缴纳；三是未补缴企业所得税，公司核定征收的企业所得税，需要补缴 700 万元，但是直至申请前还未缴清，因而存在重大欠税行为；四是免税依据不符规定，该公司 2009 年度的所得税免税依据，也并不符合国家税务总局的政策，被证监会认定为违法减免所得税。

3. 5. 3 整体变更与分红纳税

证监会对于拟 IPO 公司在改制时以及各期分红的纳税情况高度重视，所以，拟 IPO 公司必须充分披露相关情况，保荐机构与律师事务所也必须出具专项的详细核查意见。

证监会关注整体变更与分红纳税的情况主要的目的是确认拟 IPO 公司是否存在以下几种情况：一是控股股东、实际控制人是否存在巨额税款未缴纳的情况；二是是否影响到控股股东、实际控制人的合规情况与资格；三是是否会影响到发行条件。如果披露不充分，或是存在重大瞒报，将会构成 IPO 的实质障碍。所以，拟 IPO 公司对此不要抱有侥幸心理。

3. 5. 4 重大税务处罚

如果拟 IPO 公司存在重大税务处罚，并占公司净利润的大比例，对公司的盈利造成重大影响，那么就可能会导致 IPO 被否。

如原广东依顿电子科技股份有限公司就因重大税务处罚而导致 IPO 碰壁。该公司招股书显示：因通过子公司依顿（中山）多层线路板有限公司转让保税料件生产的成品线路板和短少保税料件，拱北海关对此做出了 2764 万元的行政处罚，占公司 2008 年净利润的 15. 3%。2008 年 6 月，依顿电子因不能对短少的 678 吨报税进口的双面覆铜板提供正当证明，漏税

599万元，拱北海关开出了1000万元的罚单，占保税料件总价值的10.2%，占依顿电子2008年净利润的5.64%。2009年，依顿电子补缴关税347万元、增值税1417万元，占公司当年净利润的5.3%。

由此可见，税务处罚和补缴税务已对依顿电子的盈利造成重大影响，所以已构成本次IPO实质性法律障碍。

3.6 小心成为财务操纵嫌疑人

IPO 审核中，证监会对财务操纵采取零容忍的态度。因此，如果重要的财务异常信息无法解释清楚，就会对公司的 IPO 产生实质性的障碍。

其实，财务报表中存在异常信息，并不就是指该公司存在财务操纵行为，有些行业和公司性质本身就容易造成财务信息异常。所以，在进行财务异常信息解释时，拟 IPO 公司可以根据经营模式、主要供应商、客户背景、产能利用率以及产销量的特点为解释出发点，如此就可摆脱财务操纵的嫌疑。

3.6.1 财务操纵雷区一：应收账款

在核查公司财务时，应避免公司的应收账款呈现以下情况：一是大幅增长，且增长幅度超过同期收入增长；二是应收账款呈下降趋势；三是应收账款周转率明显低于同行业水平。这三种信息，往往会被证监会认为存在两种财务操纵可能：一是临时放宽信用政策，使公司收入在短期内大幅增长；二是可能存在提前确认收入或虚构收入的情况。只要证监会认定了其中一种，就会对公司的 IPO 产生障碍。

如福建天马科技集团股份有限公司就因应收账款出现问题，导致被证监会怀疑存在财务操纵，要求其做出解释。

公司于2016年8月17日通过主板发审会，相关报告期为2013年至2015年。

发审会上的应收账款问题：请发行人代表进一步说明报告期内的销售信用政策，报告期信用政策是否发生变化，信用政策实际执行情况，与披露是否一致；发行人报告期各期货款回收政策是否发生变化；报告期各期前十大应收账款客户的期后回款情况；报告期各期坏账准备计提是否充分。

对此，天马集团做出的解释是：公司目前采用日常授信额度与高峰期授信额度相结合的授信政策。公司每年年初根据上年度经营情况、当年度生产与销售计划，将日常授信额度总量控制在预计销售金额的30%以内。在每年5～10月产销两旺的高峰期，公司会结合客户的养殖情况、预计出鱼时点、养殖品种的市场行情走势等因素，在对市场整体风险和客户个体风险进行综合评估之后，对优质客户适度提高信用额度。

报告期内，应收账款和营业收入的增长幅度比较接近，各年末应收账款占营业收入的比例稳定在26%左右。2015年公司新增客户期末应收账款余额占其饲料销售收入的比重为17%，低于整体应收账款收入占比，反映出公司对于新增客户授信过程更为严格和谨慎。

3.6.2 财务操纵雷区二：预付账款

在以往的IPO案例中，某些公司被证监会以“可能存在预付款流出资金，最终以流出资金虚增利润”的问题，被询问或者导致IPO被否。之所以会出现这种问题，是因为拟IPO公司的财务中存在预付款大幅度增长，尤其是预付工程款、预付专利、非专利技术采购款等方面存在不合理增长。因此，拟IPO公司在核查自己的财务时，应避免这种不合理增长财务现象的产生。

河南天丰节能板材股份有限公司在 2010 年至 2012 年虚列付款，被证监会怀疑有虚增利润的财务操纵行为。

天丰节能 2010 年至 2012 年虚列向开封市升龙化工物资贸易有限公司、上海昱业实业有限公司、新乡市天发节能建材有限公司等 13 家供应商付款共计 29 441 438. 62 元。其中：2011 年虚列付款 2 047 337. 40 元，2012 年虚列付款 27 394 101. 22 元。

3. 6. 3 财务操纵雷区三：存货

存货，也是拟 IPO 公司被怀疑存在财务操纵的高发点，经常会遭致证监会以下三个方面的怀疑，见图 3 – 11。之所以会遭致证监会这种怀疑，很可能是拟 IPO 公司的存货数据表现出两种情况：一是数量和价值不易确定的存货呈现大幅度增长，且增长幅度超过同期的成本增长；二是存货周转率明显比同行业水平低，而且呈现持续下降趋势。所以，拟 IPO 公司在核查自己的财务问题时，应杜绝让自己的存货数据呈现出这两种情况，降低被怀疑操纵的可能性。

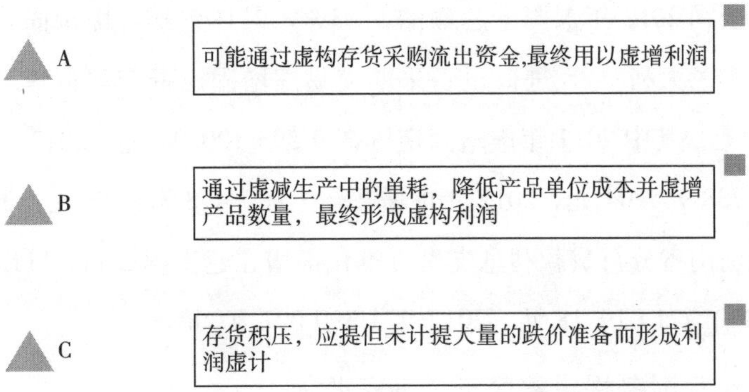

图 3 – 11　存货可能被怀疑的三种财务操纵问题

3. 6. 4 财务操纵雷区四：在建工程

在建工程往往因为总造价高、工程进度难以确定、实际造假难以估计等问题而导致被证监会怀疑虚计利润。如果拟IPO公司财务的在建工程数据，呈现大幅度增加，尤其是与生产经营规模和发展规划不符合的在建工程大幅、持续增加，那么就可能会被证监会怀疑存在两种财务操纵可能，见图3－12。

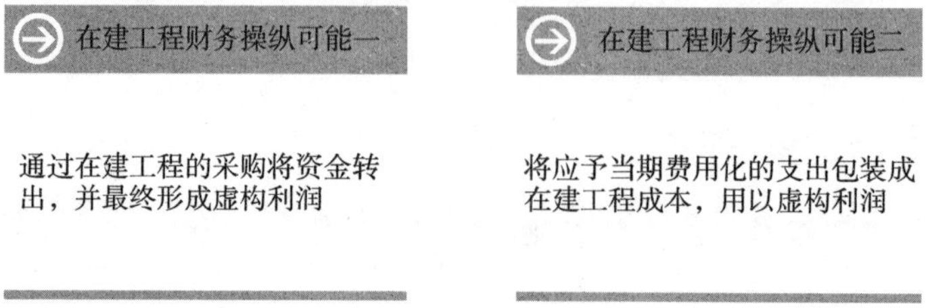

图3－12　在建工程被怀疑财务操纵的两种可能

河南天丰节能板材股份有限公司还因在建工程被怀疑财务操纵。天丰节能通过虚构固定资产采购和贷款利息支出资本化，2010年至2011年累计虚增固定资产和在建工程10 316 140.12元，占2011年末公司资产总额的3.08%；2010年至2012年共计虚增固定资产和在建工程27 923 990.26元，占公司2012年末资产总额的5.83%。具体包括：虚构向台湾后东机械公司和意大利OMS进口设备采购交易虚增固定资产与在建工程25 812 879.11元，其中2011年虚增固定资产9 595 120.94元，2012年虚增固定资产8 738 985.04元，2012年虚增在建工程7 478 773.13元；通过国家开发银行河南省分行贷款利息支出资本化虚增在建工程2 111 111.15元，其中2011年721 019.18元，2012年1 390 091.97元。

3.6.5 财务操纵雷区五：业务收入

在报告期间，拟IPO公司应避免自己的业务收入存在以下四种异常现象，见图3－13，否则就很有可能因大幅提升特定期间业绩的高毛利收入，而被证监会怀疑存在收入操纵。

图 3－13　业务收入可能导致被怀疑财务操纵的四种异常现象

3.6.6 财务操纵雷区六：期间费用率

期间费用率主要是指销售费用和管理费用、财务费用占主营业务收入的比例，每个行业的费用率水平不一致，但同行业之间具备可比性。如果期间费用率存在以下几种现象，见图 3－14，那么就有可能会被证监会怀疑存在财务操纵。拟 IPO 公司在审核财务信息时，应杜绝这种现象的存在。

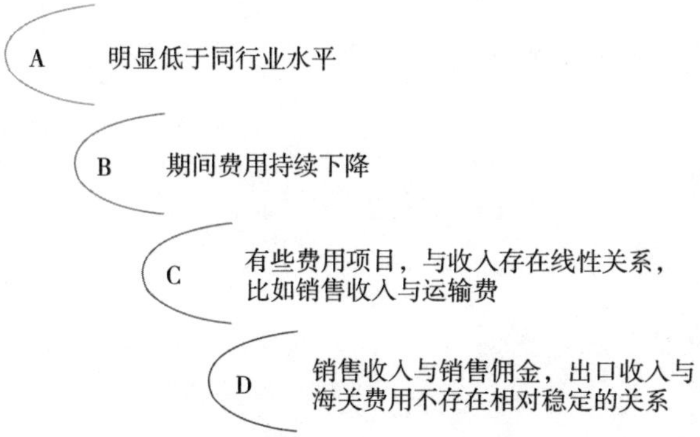

图 3－14　期间费用率存在的可能被怀疑财务操纵的四种现象

第 4 章
审核要点：发审委关注的才是重点

IPO 是一项系统的工程，准备工作非常繁杂，其间很多公司在这繁冗的准备工作中偏离了方向，导致 IPO 被否。其实，IPO 的准备工作虽然较多，但也有侧重点，如成长性、毛利率、应收账款、收入确认、存货、关联交易及同业竞争披露、募投资金等。拟 IPO 公司只需要将这些重点工作准备好，就能提升过会几率。

4.1 成长性，更看好有潜力的企业

成长性，其实就是指拟IPO公司的持续盈利能力。发审委对发行人的首个审核关注点就是持续盈利能力，不仅关注盈利规模还会关注盈利质量。

4.1.1 持续盈利能力相关法规

《首次公开发行股票并上市管理办法》第三十条规定：发行人不得有下列影响持续盈利能力的情形：

（一）发行人的经营模式、产品或服务的品种结构已经或者将发生重大变化，并对发行人的持续盈利能力构成重大不利影响；

（二）发行人的行业地位或发行人所处行业的经营环境已经或者将发生重大变化，并对发行人的持续盈利能力构成重大不利影响；

（三）发行人最近1个会计年度的营业收入或净利润对关联方或者存在重大不确定性的客户存在重大依赖；

（四）发行人最近1个会计年度的净利润主要来自合并财务报表范围以外的投资收益；

（五）发行人在用的商标、专利、专有技术以及特许经营权等重要资

产或技术的取得或者使用存在重大不利变化的风险；

（六）其他可能对发行人持续盈利能力构成重大不利影响的情形。

如杭州华光焊接新材料股份有限公司，作为2017年首家IPO被否的公司，其主要问题就是在报告期间经营业绩大幅度下滑，公司的成长性，也就是持续盈利能力存在重大不确定问题。

招股说明书显示：华光焊接2013年、2014年、2015年扣非后归属于母公司所有者的净利润分别为3689万元、2821万元及1475万元。其在报告期内业绩大幅下滑，2014年至2015年间，扣非净利润下滑幅度高达47.7%，已经十分接近相关法规规定的业绩下滑超50%不予推进审核工作的红线。

4.1.2 决定公司持续盈利能力的几个因素

一般情况下，拟IPO公司的持续盈利能力会受以下几个因素影响，发行人可以以此为根据来提高自身的持续盈利能力。

1. 从财务会计信息角度来看

发行人的盈利能力一般体现在收入结构组织及增减变动、毛利率的构成及各期增减、利润来源的连续性及稳定性三个方面。

2. 从公司自身经营角度

核心业务、核心技术、主要产品及其主要产品的用途和原料供应是决定公司持续盈利的内部因素。

3. 从公司经营所处环境角度

行业环境、行业地位、市场空间、竞争特点、销售情况、主要消费群是决定公司持续盈利的外部因素。

4. 从公司的盈利质量角度

判断公司盈利质量高低可以从以下几个方面进行，见图4-1。

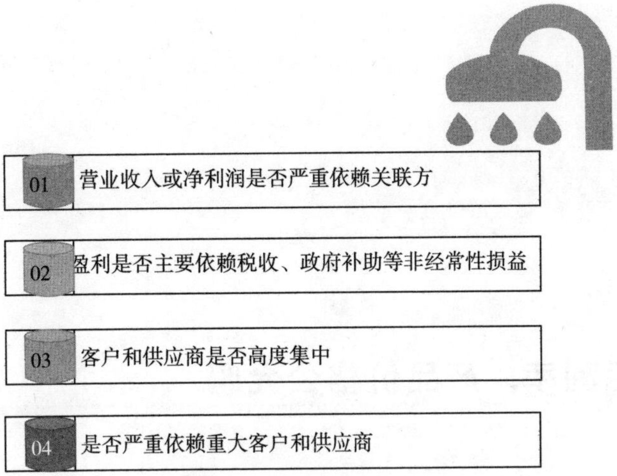

图 4 –1　判断拟 IPO 公司盈利质量的四个标准

吉林科龙建筑节能科技股份有限公司就是因为客户过于集中，盈利质量不佳，导致 IPO 被证监会以持续盈利能力存疑为理由否决。

招股书显示：2011 年 ~2013 年发行人前五大客户的合计销售额分别为 18 578. 51万元、20 181. 82 万元和 10 090. 35 万元，分别占当年营业收入的 83. 86%、75. 46%和 74. 19%。一旦这些客户发生变化，就会对发行人的经营业绩造成重大影响。

4.2 毛利率，产品价格公允吗

发审委对发行人毛利率关注点主要是定价是否存在不公允现象，是否有不公平交易的存在。发审委通常会将IPO公司的毛利率与同行业可以上市公司的产品进行对比，并要求对方解释原因。在报告期内毛利率如果发生较大的变化或者出现持续增长的情况，发审委会要求发行人提供真实数据。

4.2.1 毛利率过高或过低

发审委判断毛利率是否异常，一般都是与同行业做比较，过高或过低，发审委都会要求发行人做出合理解释。

1. 毛利率过高

上文有述，发审委会要求发行人将毛利率与同行进行比较，如果明显高于行业平均值，并无法给出合理解释，就会被质疑财务真实性问题。

如海诺尔环保产业股份有限公司在申请创业板IPO时，就因毛利率明显高于同行而被质疑财务真实性。

资料显示，2008年到2010年，海诺尔环保生活垃圾直接处置业务毛利率分别是43.47%、53.12%、55.81%，比起同行南海发展的41.04%、

50.68%、47.99%明显偏高。

通常而言，公司规模越大，效益就越好。但是，海诺尔投入运营的生活垃圾处理项目只有14个，平均单个项目日处理量为230吨，而南海发展则是1900吨。由此可见，海诺尔的产业规模不及南海发展的十分之一，但是毛利率却比南海发展高出许多。海诺尔对此并未能给出合理解释，因而明显存在异常情况。

2. 毛利率过低

毛利率过高不行，但是毛利率过低也不行，如果毛利率明显低于同行，发审委则会认定是发行人业绩不稳定，持续盈利能力存疑。

广东万里马实业股份有限公司在申请IPO时，就被发审委指出毛利率过低，要求做出解释。2012年到2014年，万里马的毛利率为29.84%、34.88%和31.64%，行业平均值为44%、45.2%和44.68%，明显低于行业平均水平。

对此，万里马的解释是：公司团购以及ODM销售额较高，针对该类客户的毛利率主要由客户协商定价或中标价格所决定，因而毛利率波动较大。

4.2.2 毛利率异常的解释思路

如果IPO的发行人毛利率与可比公司存在重大差异，那么就需要对此做出详细解释。解释内容的合理性决定了发审委的接受结果。那么，该如何解释才能合理呢？发行人可以从以下五个思路入手（见图4-2）。

思路一：销售模式不同。不同的销售模式会导致不同的毛利率。比如化妆品行业，直销模式的毛利率肯定会高于经销模式的毛利率，因为在经销模式下，经销商需要承担起整个渠道销售的成本与费用。

思路二：销售客户不同。各个公司面对的客户不同，拥有优质客户的公司的产品毛利率必然会大于一般客户的公司的产品毛利率。

图4－2　毛利率存疑的五大解释思路

思路三：应用领域不同。两个公司之间可能产品相似，但产品的应用领域却不相同。有的应用在充分竞争的市场，有的可能应用在空白市场。两种市场的饱和度如何决定了产品的毛利率如何。

思路四：产品周期不同。产品在发展初期可能会获得较高的毛利率，但是随着技术成熟和市场发展，毛利率水平可能会趋于平稳甚至下滑。如果两个公司的产品周期并不是在同一个生命周期上，那么就很有可能产生大的毛利率差异。

思路五：销售政策不同。两家公司，一家公司可能采取薄利多销的政策，一家公司可能采取现款现货的政策。销售政策的不同，也会导致毛利率不同。

4.3 应收账款，资金流通越快越好

拟 IPO 公司应收账款过高，其成为坏账的几率将增大，而应收账款的回收对于公司资金的流通有着决定性的作用。所以，发审委对拟 IPO 公司的应收账款情况非常关注。

4.3.1 正确处理应收账款问题

应收账款问题的处理可以从以下三个方面入手：

1. 应收账款余额过大风险

应收账款余额过大，可能会导致公司在 IPO 过程中存在以下几种风险。

风险一：增加坏账。如果欠债比例较大的客户出现资金问题，就会对拟 IPO 公司形成较大的坏账损失并影响企业的营业收入。

风险二：资金周转缓慢。如果应收账款余额过大，就会导致回收周期过长，从而影响拟 IPO 公司的资金周转速度、经营性现金流量，最后直接影响业绩质量的判断。

风险三：业绩操纵。应收账款的增长幅度如果明显高于营业收入增幅，那么发审委就会怀疑可能存在通过临时放宽信用政策等方式进行业绩

操纵，甚至怀疑存在虚构交易。

如无锡信捷电气股份有限公司虽然IPO成功，但是在IPO过程中，也被发审委要求对应收账款余额过大做出解释：

请发行人代表进一步说明：（1）报告期内发行人应收账款、应收票据余额较高且逐年上升的原因，是否会对发行人的业绩和持续经营产生不利影响；（2）结合信用期限、期后回款时间，补充说明报告期各期末是否存在对主要客户放宽信用期限的情形；（3）结合发行人客户的信用情况、信用期限、期后回款时间，说明坏账准备计提比例是否谨慎、充分；（4）是否存在开具没有真实交易背景的承兑汇票和应收票据因无法到期收回而转为应收账款的情形；（5）报告期内发行人销售费用率、管理费用率均低于同行业可比上市公司的具体原因。请保荐代表人发表核查意见。

2. 判断应收回收风险大小

在实务中，可提议通过三种方法来判断应收账款可回收风险的大小：一是客户分析；二是账龄分析；三是信用期分析。资信情况良好的客户，其应收账款回收风险较小，反之亦然；账龄越长的应收账款，回收风险越大，反之亦然；超出信用期的应收账款，回收风险越大，反之亦然。

3. 应收账款坏账准备计提

实务中，计提坏账的通行做法是账龄分析法，部分公司结合了信用期标准。由于大部分账龄集中在1年以内，所以1年内的计提比例是关键点。大部分的公司都是采取1年内采用5%计提比例。

除此之外，还可以与同行可比公司进行比较。可以采用两个标准：一是不同账龄段的计提比例；二是通过实际计提的坏账准备与应收账款原值比较，再计算综合计提比例。如果拟IPO公司的计提比例与可比公司相差太多，那么，其坏账准备计提的充分性就非常值得怀疑。

4.3.2 IPO审核关注的五大应收账款问题

从2017年申请IPO被否的公司中，可以发现有不少公司都是应收账款出现了问题。总结起来，发审委对应收账款的关注重点主要包括以下五个方面，见图4－3。

A 应收账款金额持续增加,占营业收入的比例也是大幅增加

B 应收账款账龄发生重大变化，1年以上账龄大幅增加

C 发行人将销售信用政策大幅放宽，从而也会导致应收账款大幅增加

D 应收账款的客户性质、信用情况、曾回款情况，是否存在恶意拖欠问题

E 坏账准备计提比例与可比公司是否保持一致，是否审慎

图4－3 发审委对应收账款的五大关注重点

4.4 收入确认，弄虚作假“get out”

营业收入作为利润表的重中之重，关注度极高，发审委更是将其作为IPO的硬指标之一。因此，收入确认也是重中之重。

4.4.1 收入确认的不同规定

收入确认的问题比较复杂，不同的行业、不同的业务模式有不同的收入确认政策，同时还具备会计与税务的双重属性，会计与税法、不同税种法规之间的收入确认都有不同的差异。如《企业会计准则——收入》对收入确定做了以下规定：

第二条 收入，是指企业在日常活动中形成的、会导致所有者权益增加的、与所有者投入资本无关的经济利益的总流入。本准则所涉及的收入，包括销售商品收入、提供劳务收入和让渡资产使用权收入。企业代第三方收取的款项，应当作为负债处理，不应当确认为收入。

第三条 长期股权投资、建造合同、租赁、原保险合同、再保险合同等形成的收入，适用其他相关会计准则。

《企业所得税法》第六条对收入做了以下的规定：

第六条 企业以货币形式和非货币形式从各种来源取得的收入，为收入总额。包括：（一）销售货物收入；（二）提供劳务收入；（三）转让财产收入；（四）股息、红利等权益性投资收益；（五）利息收入；（六）租金收入；（七）特许权使用费收入；（八）接受捐赠收入；（九）其他收入。

在做收入确认时，拟IPO公司应该根据自己的实际情况采取收入确认的方法，避免出现问题。

4.4.2 收入确认的几个通用角度

虽然不同的公司有不同的收入确认方法，但是通常而言，收入确认还是有六个通用角度的（见图4－4）。

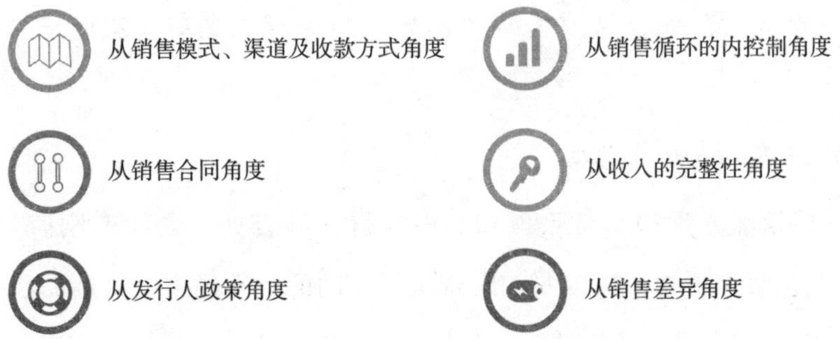

图4－4　收入确认的六个通用角度

1. 从销售模式、渠道及收款方式角度

按照会计准则的规定，判断公司能否确认收入的一个核心原则是商品所有权上的主要风险和报酬是否转移给购货方，这就需要结合公司的销售模式、渠道以及收款方式进行确定。

2. 从销售循环的内控制度角度

确认收入真实性、完整性的重要依据体现在以下三个方面：一是内控制度是否健全；二是流程是否规范；三是单据流、资金流、货物流是否清晰。

3. 从销售合同角度

发行人销售合同的验收标准如何、付款条件是什么、如何退货、有哪些后续服务、有哪些附加条款，这些都是判断销售合同是否合法合规的标准。

4. 从收入的完整性角度

确认收入是否完整，可以从两个方面入手：一是所有收入是否开票入账；二是对于大量现金收入是否有专门的内部控制制度进行管理。这一点，主营业务是零售服务的拟IPO公司更需要注意。因为零售业涉及的现金量非常庞大，很容易因为疏忽而导致财务存在瑕疵，从而导致IPO被否。

5. 从发行人政策角度

主要指现金折扣、商业折扣、销售折让等方面。会计准则有规定："发生的的现金折扣，需按照扣除现金折扣前的金额确定销售商品收入金额，现金折扣在实际发生时计入财务费用；发生的商业折扣，应当按照扣除商业折扣后的金额确定销售商品收入金额；发生的销售折让，公司应分不同情况进行处理"。

6. 从销售差异角度

是指需要关注产品销售的季节性、产品销售区域及对象，发行人的行业地位与竞争对手，同时结合行业变化、新客户开发、新产品研发等相关情况，来确定以下三个问题，见图4-5。

如潜能恒信能源技术股份有限公司在确认收入时就采用了内外部因素结合的方法。

(1) 收入确认的内部要素（内部证据）。

该公司据以确认收入的内部要素主要包括项目服务合同、项目设计

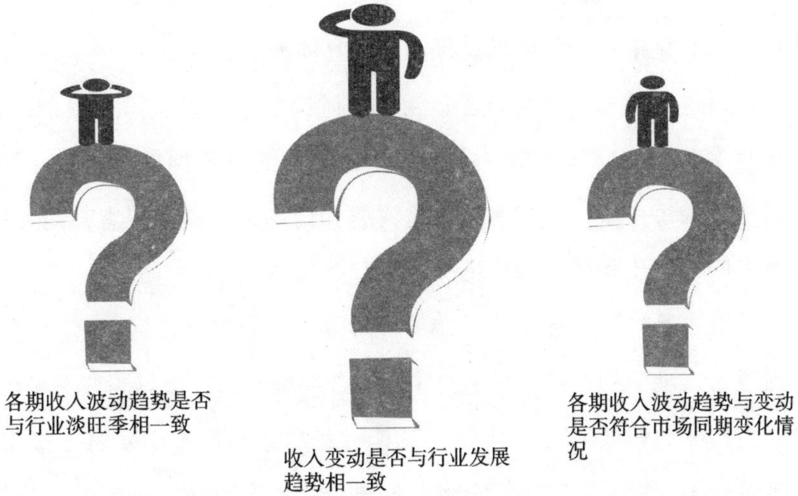

图4－5　关注不同销售点以确定的三个问题

书、项目运行进度表、项目月报、成果报告，具体如下。

A 项目服务合同。在确认技术服务收入时，发行人在取得合同及明确合同金额即提供劳务交易的结果能够可靠估计的情况下，采用完工百分比法确认相关的劳务收入。

B《项目技术设计书》及《项目运行进度表》。在项目服务中，发行人对每个项目均编制《项目技术设计书》和《项目运行进度表》，确定了项目完工的每个工序可能需花费的时间。根据该进度表，发行人与客户在项目服务合同中将项目完工的时间周期进行约定。

C 连续的项目月报。发行人每月月初对上月的完工程度进行检查和测算，得出上月累计执行工作量，据此形成月度报告，并报送给客户（甲方），如客户（甲方）无异议，则作为确认收入的依据之一。

D 成果报告。根据项目服务合同的约定和执行结果，发行人向客户提交的成果报告通常有层位探区图件、多媒体资料等。

（2）收入确认的外部要素。

发行人据以确认收入的外部要素主要包括与客户的沟通与讨论、中期或最终验收意见单、会计师的询证函等，具体如下：

A 项目进展的每一步均与客户互动、讨论。在项目执行过程中，客户均派出技术监理（内部外部专家）现场监督，随时掌握项目进度。同时，就项目进展的每一步，均与客户进行沟通和讨论，从而使得客户对发行人项目服务的每一步和项目进展情况，都有直观的了解。

B 中期或最终验收意见单。在项目阶段性或最终完工时，客户组织验收组对发行人承担的服务项目进行中期或最终验收，并出具验收意见单。

C 会计师的询证函。会计师在出具中期财务报告或年度财务报告时，通常就发行人合同总额、结算金额、期末应收款余额涉及进度的事项等发函询证。

（3）收入确认的内、外部要素是统一的。

在收入确认上，该公司上述内部、外部要素的统一主要表现在：

A《项目技术设计书》和项目执行进度均得到客户认可。

在项目服务中，发行人对每个项目编制的《项目技术设计书》和《项目运行进度表》，明确了项目的工序和执行周期，且均已经客户讨论、审核并通过。同时在数据处理和解释过程中的每一步，发行人都结合公司的质量控制（QC）手段按期与客户沟通、讨论，确保项目执行质量，并按计划推进项目实施工作，直至按期完成最终处理，从而增强了发行人所计算的项目完工进度的客观性。

B 项目月报均发送给客户确认。

按照客户的要求，发行人财务部门每月对生产部门提供的月报中关于上月累计执行工作量进行测算和审核，且每个月均向客户以月报形式报告项目进度。由于发行人对所执行的项目在服务过程中的每一步进展情况，均与客户有沟通、讨论，同时，在项目执行过程中，每个项目均由客户派出技术监理（内部外部专家）现场监督，随时掌握项目进度，从而使得发行人所计算的项目完工进度容易获得客户的认可。因此，对于发送给客户的月报，如客户无异议，发行人以月报中计算的完工进度确认当期收入。

C 申报会计师就发行人项目收入确认要素要求齐备，且对项目完工比例已向客户函证和确认。通过与发行人会计师沟通，其在审计中就每个项目均取得确认收入所必须的《项目设计书》、《项目运行进度表》、服务合同、月度报告、中期或最终验收意见单、相关图件、多媒体资料等要素文件外，还会对客户就合同总额、结算金额、期末应收款余额涉及进度的事项等发函询证，以保证收入的真实性、准确性。

4.5 存货，仓库爆了 IPO 就完了

存货是拟 IPO 公司重要的流动资产，其主要表现为商品、材料、包装物、在产品及产成品等。存货既是资产负债表中流动资产类的一个非常重要的组成项目，也是利润表中确定与构成销售成本的重要内容。因此，发审委会特别注意拟 IPO 公司的存货问题。

4.5.1 出现贬值影响营收

发审委之所以对存货问题这么关注，是因为拟 IPO 公司存货过多，一旦出现贬值情况，将直接影响拟 IPO 公司的利润。

欧派家居集团股份有限公司在 2014 年申请 IPO 时，遭到 IPO 暂缓。相关部门表示“欧派家居存货过多容易造成积压，一旦出现贬值将直接影响公司的营收与业绩。”

同时，在存货居高不下的情况下，2013 年，欧派家居把公司存货较大的两家子公司北京欧派和武汉欧派进行股权转让，转让后该两家公司并不再将其纳入合并报表范围。但是，即使用股权转让方式处理了存货问题，欧派家居的库存积压问题也并未得到改善。

4.5.2 存货审计违反规定

发审委对存货的关注点之一，还表现在存货审计是否符合规定。如湖南胜景山河生物科技股份有限公司在申请 IPO 期间就曾遭质疑存货占公司资产总额的比例过高，且存在违反审计规定。

根据其招股书显示：胜景山河的存货金额过大，其中库存原酒 22199.25 吨放置于防空洞中，成本约为 14500 万元，占期末公司资产总额的比例约为 1/3。

IPO 相关部门抽查审计工作底稿中发现，胜景山河并未对报告期末存放在防空洞中的原酒进行盘点，会计师未实施监盘等审计程序，未充分获取关于这部分存货的审计证据，与《中国注册会计师审计准则第 1311 号——存货监盘》及相关指南的规定不符。

4.6 关联交易及同业竞争，我们不约

虽然从2015年开始，证监会不要求拟IPO公司彻底消除同业竞争与关联交易，但有信息披露的要求。同时，拟IPO公司还需注意的一点：虽然证监会不要求，但如果关联交易与同业竞争现象严重，还是会对IPO产生影响。因此，不管证监会要不要求，还是要尽量避免此两种问题的存在。

4.6.1 关联交易

关联交易是指上市公司及其附属公司与其关联方之间发生的转移资源、劳务或义务的行为。一般形成企业关联方的是该企业的母公司、子公司、与该企业被同一个母公司控制的其他企业、对该企业进行同一控制的投资方、对该企业具有重大影响的投资方、该企业的合营企业、联营企业，主要投资人、关键管理人员或与其关系密切的家庭成员控制、共同控制或施加重大影响的其他企业。

通常情况下，会形成关联交易的包括购买或者销售商品、购买或销售商品以外的其他资产、提供或接受劳务、担保、提供资金、租赁、代理、研究或开发项目的转移、许可协议、代表企业或者由企业代表的另外一方

实行清算、关键管理人员薪酬等情况。

发审委在审核关联交易时，一般会重点关注六个方面，见图 4－6。

关联方基本情况	是否充分披露关联方的成立时间、注册资本、股权结构以及主营业务
与公司的关联关系	与公司的关联关系是否符合《公司法》216条和《企业会计准则第36条——关联方的披露》的认定
内容及程序的规范	必须建立关联交易内部控制制度，其关联交易必须提交公司大会审议，也就是决策与表决程序不能存在瑕疵
定价公允	关联交易的定价依据主要是以市场价格为基础，比较同品种同型号的产品，在同一时期与地域内，其价格是否与非关联方的交易价格一致，同时还需要考虑是否存在不公平条款
关联交易的必要性	如不是为了整合优质资源、降低采购成本、增加销售收入以及关联方为发行人提供担保等而发生的交易，就不属于必要性的交易
对公司造成的影响	关联交易是否会损害公司利益，是否会对财务状况、经营成果造成重大不利影响、是否影响独立性

图 4－6　发审委对关联交易的六大审核重点

四川新闻网传媒（集团）股份有限公司进行 IPO 时，就被相关部门要求对存在的关联交易问题进行解释，具体内容如下：

根据申请文件，（1）2013 年 3 月至 2014 年 1 月，发行人部分高管存在既在机关领取工资又在发行人处领取补贴的情况。请保荐代表人对发行人人员及薪酬独立性发表核查意见。（2）请保荐代表人就川网有限承接四川新闻网站全部资产、负债、业务和人员是否构成关联交易及交易的公允性发表核查意见。（3）发行人的业务构成中，关联交易占比较大，该等关联交易无直接可比的市场价格。请保荐代表人说明对发行人关联交易公允性的核查方法和核查过程。（4）请保荐代表人说明对部分客户向发行人非市场化购买情况的核查方法和核查过程。（5）请保荐代表人就关联方树人传媒业务与发行人业务不构成同业竞争的披露是否准确发表核查意见。

4.6.2 同业竞争

同业竞争是指公司所从事的业务与其控股股东、实际控制人以及其所控制的公司所从事的业务呈现出相同或相近的状态，双方构成或可能构成直接或间接的竞争关系。

发审委一般会从两个方面去判断发行人是否存在同业竞争：一是对主体进行判断，这需要从实际控制角度进行划分（见图4－7）；二是对内容进行判断，一类是通过经营范围从表面上进行判断，另一类是从实质上进行判断，包括业务性质、业务的客户对象、产品或劳务的可替代性、市场差别等内容。

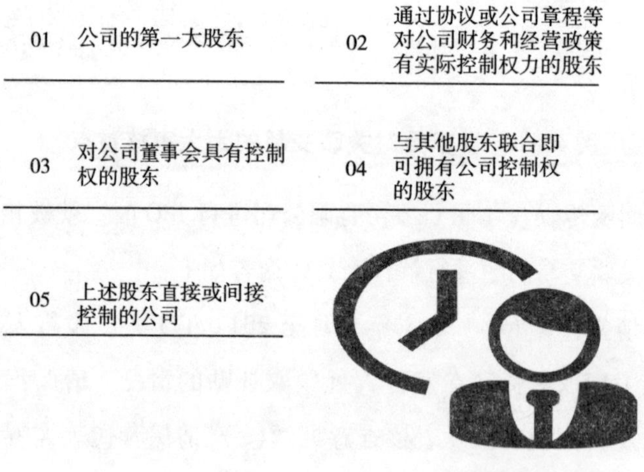

图4－7　具备同业竞争性质的五类主体

如江苏大湖化学科技有限公司在申请IPO时，就因同业竞争问题被相关部门要求做出解释，具体情况如下：

据申请文件，江苏大湖化学科技有限公司（以下简称大湖化学）为发行人实际控制人的弟弟曹晓国及其配偶控制的企业。请发行人代表说明：(1）大湖化学的主要业务及经营场所，与发行人是否存在竞争及潜在竞争，在供应商、客户方面与发行人是否存在重叠；(2）是否存在发行人通过供应商、客户与大湖化学发生间接交易的情况，发行人与大湖化学之间是否存在资产、人员、业务等关系。就上述事项，请保荐代表人说明核查过程及结论。

4.7 募投资金，你的钱用对了吗

多数的拟IPO公司都把注意力放在了持续盈利、关联交易、重大依赖的问题上，很少关注募投资金的问题。但纵观多年来IPO被否的公司，其中不乏因募投资金问题被否的公司。所以，不要因为其概率小，就忽视这个问题。通常，发审委除了关注募投资金的用途，也会关注资金所用项目。

4.7.1 募投项目是否必要

募投项目是否有必要性，发审委主要的评判标准如下，见图4－8。

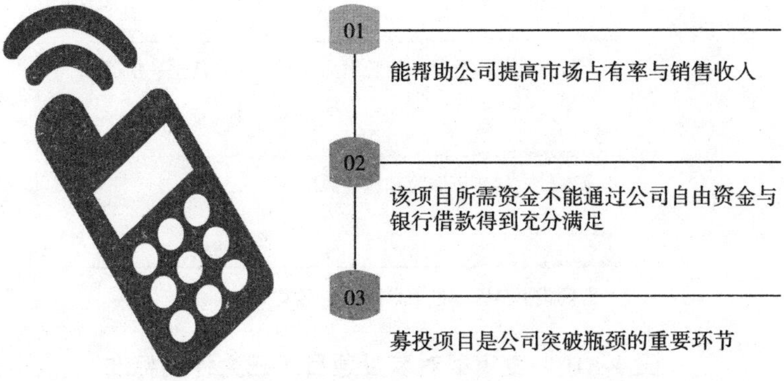

图4-8　发审委对募投项目必要性的三大评判标准

4.7.2 募投项目的可行性

募投项目是否有可行性，发审委的主要评判标准如下，见图4-9。

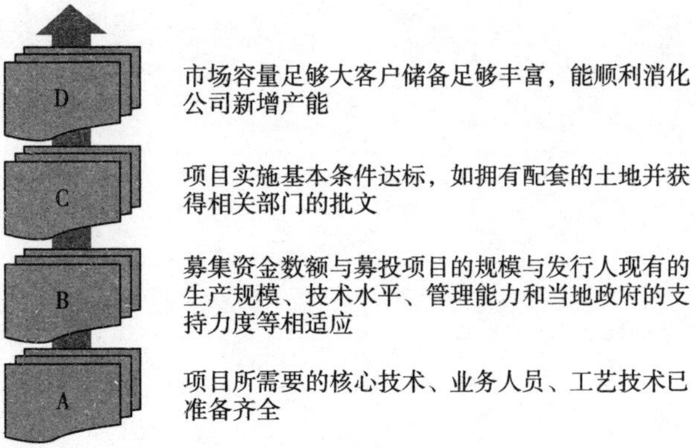

图4-9　发审委对募投项目可行性的四大评判标准

4.7.3 募投项目的风险性

募投项目是否有重大风险性，发审委的主要评判标准如下，见图4-10。

1

具有较好的市场前景与增长潜力，无行业产能过剩情况

2

不存在较大的政策风险和行业风险

3

经营模式不会因募投项目而发生重大变化

图 4－10　发审委对募投项目的三大评判标准

第 5 章
股权融资：方法 + 技巧 = 要钱不难

股权融资是公司发展过程中必不可少的一环，也是 IPO 前的必用手段。股权融资结果如何，决定着公司未来的命运。因此，拟 IPO 公司应保持冷静，谨慎行事，遵守游戏规则，掌握股权融资相关的理论与技巧。只要运作得当，拟 IPO 公司就可借力资本提升过会的成功率。

5.1 从创业到 IPO 的股权融资方式

股权融资，并不是只有在公司需要 IPO 时才会出现，而是贯穿公司的整个发展历程。一般而言，公司的发展可以分为四个阶段：种子期——发展期——扩展期——稳定期，与各个发展阶段对应的股权融资分别为：天使投资——风险投资——私募投资——首次公开募股。也就是说，从公司初创到 IPO 成功都会涉及到股权融资。

5.1.1 种子期——天使投资

公司成立后，面对的第一次股权融资就是天使投资。处于种子期的公司大多数缺乏发展资金，因此只能选择用股权去换取资金。天使投资是权益资本投资的一种表现形式，是指个人出资协助具有专门技术或独特概念的原创项目或者小型初创公司，并获得对方的股权。

1. 可寻找的天使形式

初创公司在寻找天使投资进行股权融资时，可寻找以下四种天使投资形式作为自己的股权融资对象，见图 5－1。

2. 打动天使投资人的技巧

初创公司如果想通过天使投资进行股权融资，那么就要打动他们，让

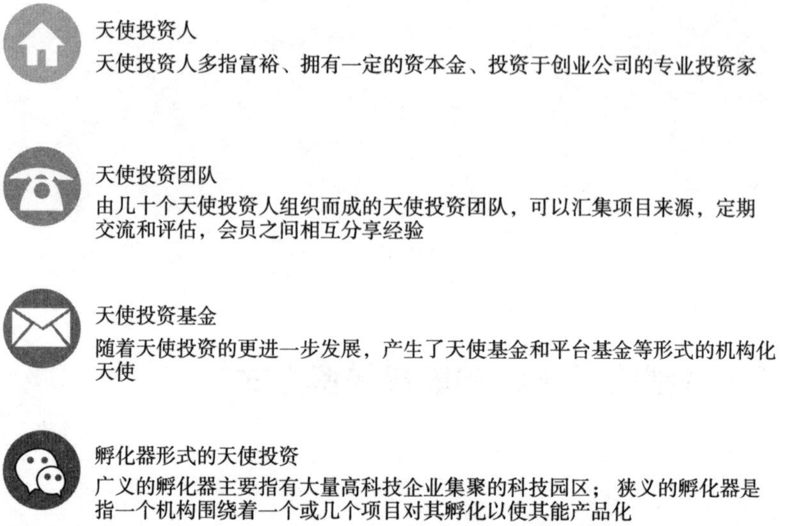

图5－1　初创公司可寻找的四种天使类型

他们愿意投资，可按照以下五个方法进行，见图5－2。

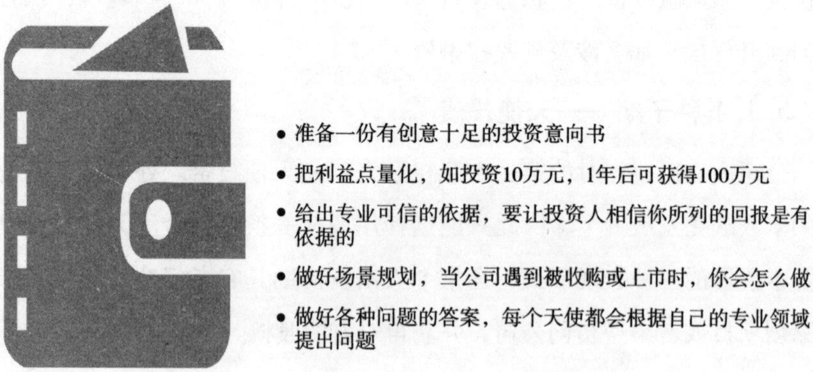

图5－2　打动天使投资人的5个技巧

5.1.2 发展期——风险投资

风险投资有广义与狭义之分，前者是泛指一切具有高风险、高潜在收益的投资；后者是指以高新技术为基础，生产与经营技术密集型产品的投资。公司在不同阶段，因为发展需要，必定需要以股权来引进风险投资。

1. 风险投资的特征

风险投资的特征具体表现在以下六点，见图5-3。

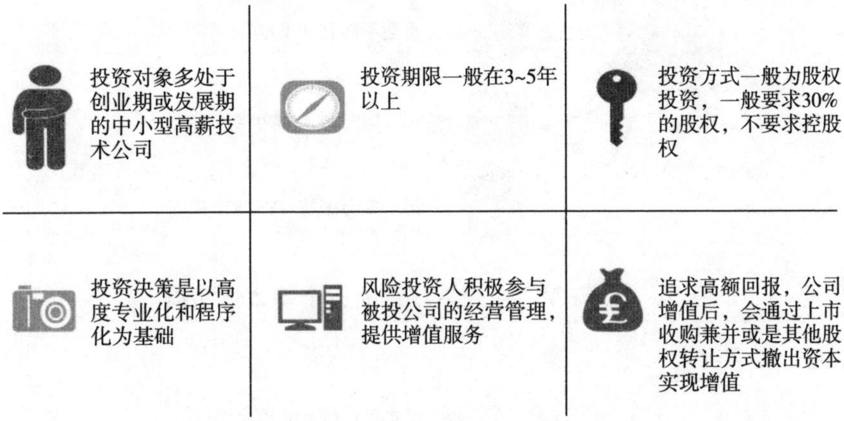

图5-3　风险投资的六大特征

2. 与VC接触需避免的基本性错误

很多人在与VC的第一次会面时都会犯一些基本性的错误，具体可概括为以下五个方面，见图5-4。

5.1.3 扩展期——私募股权融资

私募是处在扩展期公司的重要融资方式之一，更是公司在申请IPO前的必经之路。私募指通过私募形式对私有公司，即非上市公司进行的权益性获利，在交易实施过程中附带考虑了将来的退出机制，即通过上市、并购或管理层回购等方式，出售持股获利。

1. 私募融资对IPO的意义

私募融资之所以是公司IPO的必经之路，对公司IPO能起到以下四个作用，见图5-5。

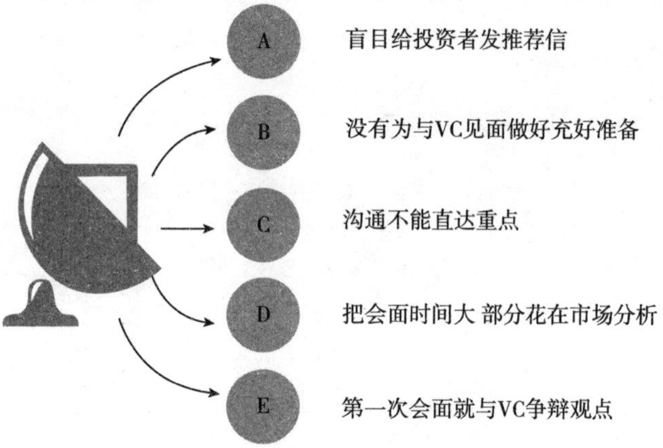

图5－4　与VC接触需注意的五个基本性错误

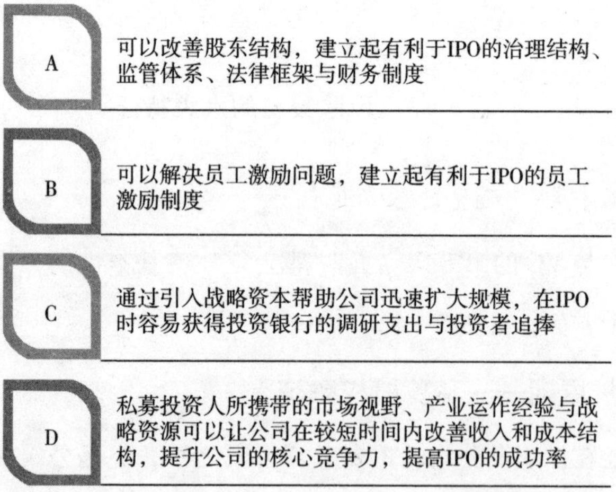

图5－5　私募融资给公司IPO起到的四大作用

2. 私募融资的三种工具

公司在进行私募融资时，可以通过以下三种工具进行，见图5－6。

5.1.4 稳定期——首次公开募股

公司如果处于稳定期，就代表已经是成熟型的公司，要再进一步提升

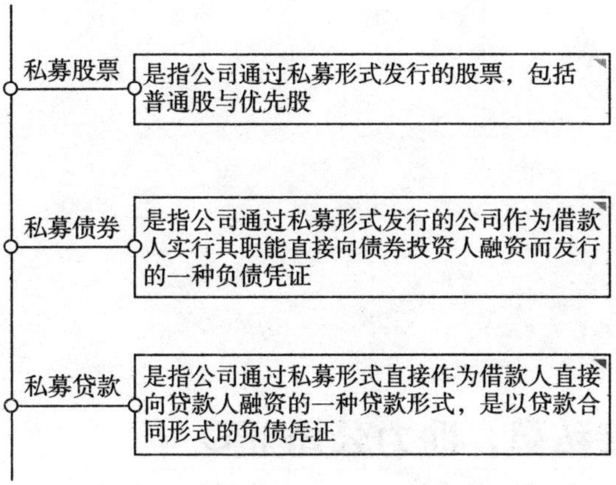

图 5 -6　私募融资的三种运作方式

自己的价值，就要通过 IPO。它是指一家股份有限公司第一次将它的股份向公众出售。IPO 成功后，公司不但能获得所需要的融资额，其股权价值也会得到进一步提升。

5.2 对接私募，助力公司 IPO

上文有述，私募股权融资是 IPO 的必经之路，能够帮助公司更好、更快地达到 IPO 的标准。既然如此，拟 IPO 公司如何才能知道适合自己的、对自己有利的私募对象呢？这就需要掌握一定的技巧。

5.2.1 私募融资流程

从私募股权融资的整体流程来看，可以将之分为三个阶段。

第一阶段：（1）公司与投资银行签订服务协议；（2）投资银行开始与融资公司建立专业的私募股权融资团队，做好相关的材料准备工作，私募股权融资材料分为三个方面（见图 5－7）；（3）投资银行与公司共同设立一个股份出让的比例以及融资目标；（4）投资银行开始与相关 PE 合伙人沟通，介绍公司共同情况；（5）投资银行寻找多家 PE，并使最优秀的 PE 产生兴趣；（6）投资银行代替公司回答第一轮问题，并与之密集沟通，选择对公司帮助最大的几家 PE。

第二阶段：（1）安排 PE 合伙人与公司代表面对面会谈，投资银行派人参与所有会议，为双方做介绍，并帮助公司优化回答问题的方式，总结和 PE 所有的会议；（2）实地考察，PE 会去实地调查公司，投资银行全程

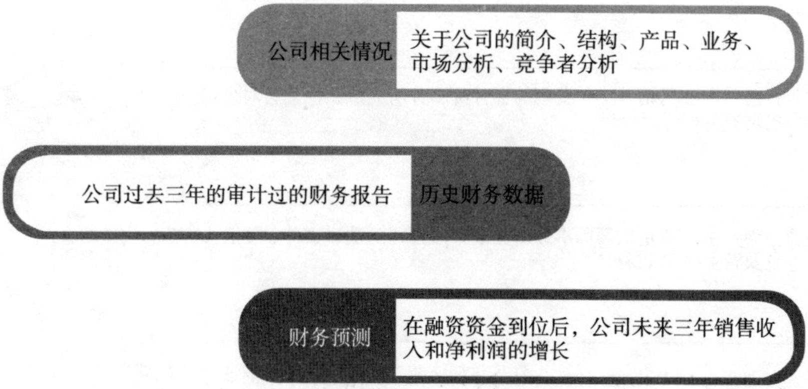

图 5－7　私募股权融资需准备的材料

参与，保证 PE 所有的问题都能得到答案；（3）获得至少两到三家 PE 的初步的投资意向合同；（4）投资银行与公司代表共同与 PE 谈判，帮助公司获得最好的价格；（5）由公司决定接受哪个 PE 的投资，并签订投资意向书。

第三阶段：（1）投资银行开始进行尽职调查，具体包括三个方面，见图 5－8；（2）公司在向相关方传送尽职调查资料前，需要认证检查，并确认相关材料的准确性以及是否能充分反映公司的积极性；（3）PE 对公司的尽职调查过程中，投资银行会负责监督和管理工作，以保证尽职调查的顺利进行，以及保证双方的问题能够被解答；（4）尽职调查结束后，PE 会发送最终投资合同，并进行谈判；（5）签署最终合同，PE 会要求至少一个董事席位。

5.2.2 私募融资三种运作方法

公司要引进私募，具体可通过三种运作方法：增资扩股、股权转让、增资扩股和股权转让并用。公司可根据自身情况选择最为合适的一种。

1. 增资扩股

增资扩股模式，是指目标公司通过由新股东投资入股或者原股东增加

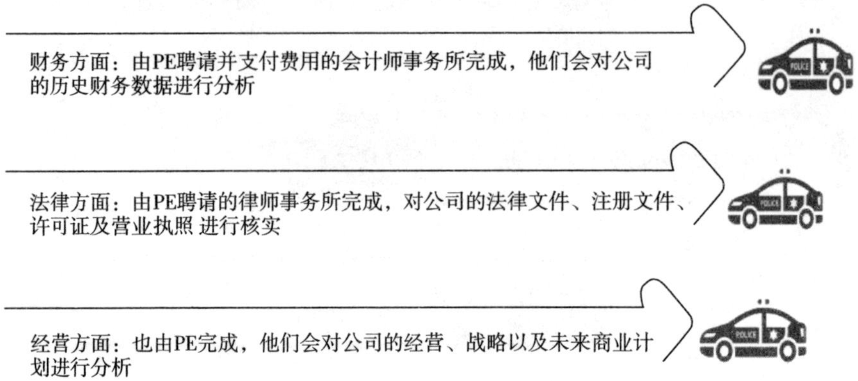

图5－8　尽职调查的三个内容

投资的方式来扩大股权，从而增加公司的资本金。其优势是增加的资本金可以提高公司业务收益或者减轻公司负债；其缺点是如果增资扩股没有价值链互补效应，就无法达到资本运作的效果。原股东既要出资又要摊薄股权，所以也并不是每个股东都会赞同这种方式。

2. 股权转让

是指公司股东依法将自己的股东权益有偿转让给他人，使他人取得股权的民事法律行为。股权转让形式有两种，一是转给公司现有股东，二是转给现有股东以外的其他投资人，私募股权融资就是采取第二种形式。

3. 增资扩股和股权转让并用

通常增资扩股和和股权转让这两种方式被结合采用，比如在增资扩股时，仅针对外部人员。除此之外，私募股权基金以优先股（或可转债）入股，用事先约定的固定分红来保障最低的投资回报，在公司清算时，有优先于普通股的分配权。

5.2.3 引进私募不能耽误 IPO

引进私募是为了帮助公司 IPO，但往往有不少公司引进私募后，反而耽误了 IPO 的进程。所以在引进私募时一定要注意以下四个方面的问题。

1. 产生非法集资嫌疑

根据我国《证券法》与有关司法解释规定："未经国家有关主管部门批准，向社会不特定对象发行、以转让股权等方式变相发行股票，或者向特定对象发行、变相发行股票累计超过 200 人的，就属于非法集资行为，构成擅自发行股票犯罪"。所以，公司在进行私募股权融资时一定要注意依法操作，避免造成非法集资嫌疑，从而给 IPO 造成障碍。

2. 重要信息被泄露

PE 在投资一家公司时，必定会对公司进行调查。所以，公司要保护自己的内部信息不被泄露。可以采取与其 PE 签订保密协议的方式，或者除了按照相关规定提供的资料，其重要的资料最好不要随便提供给 PE。

3. 股权变化合法合规

IPO 对拟 IPO 公司的股权结构有严格的要求，所以在引进私募时，要注意三个问题，见图 5－9。

4. 避免产生同业竞争与关联交易

引进私募时，公司需注意关注新投资者的对拟 IPO 公司的控股比例和实际经营的业务。如果新投资者持有的比例超过 5% 时，就其实际经营的业务就不能与拟 IPO 公司的业务相同或近似，否则就会产生同业竞争的情况，影响以后的上市。同时，也要避免关联交易的问题。如无法避免，则需要做出合理的解释，并做充分的披露。

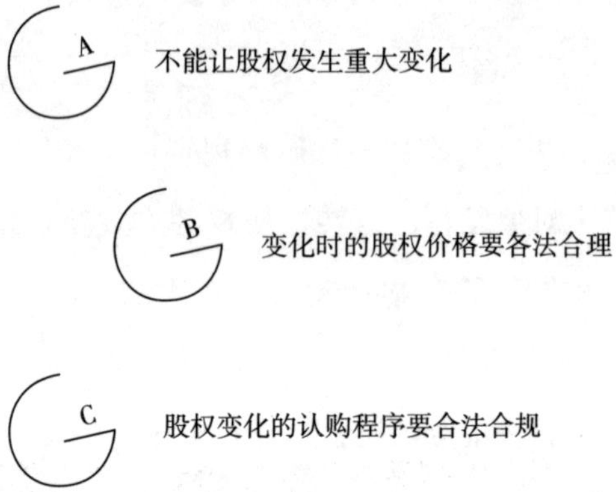

图 5-9 引进私募时在股权结构上应注意的三个问题

5.3 股权众筹，用最低成本为上市筹资

股权众筹，是指一种向大众筹资，并用股权作为回报的新融资方式。在传统投资行业，投资者在IPO时去申购股票其实就是一种股权众筹的表现方式；在互联网金融领域，股权众筹通过网络进行众筹，是私募股权投资的一种补充融资方式。

5.3.1 把握流程，股权众筹的典型步骤

每个股权众筹平台都有自己的具体操作过程，但一些基本的操作步骤都是相同的。企业只需要把握好基本步骤，再分析差异即可（见图5-10）。

5.3.2 控制细节，别让小问题毁了你

“细节决定成败”。有不少企业就是对小问题不够重视，导致了自己股权众筹项目的失败。所以，不要小看细节的重要性。一般来说，在股权众筹过程中，极容易出现以下四个细节问题，见图5-11。

这一点在众筹网发起股权众筹项目的“海洋之心高端医疗科技”就做得非常好，它把细节控制得非常完美。截至2017年6月15日，已经完成众筹融资额140万元，远超预定融资目标。现在就来看看它是如何操作的。

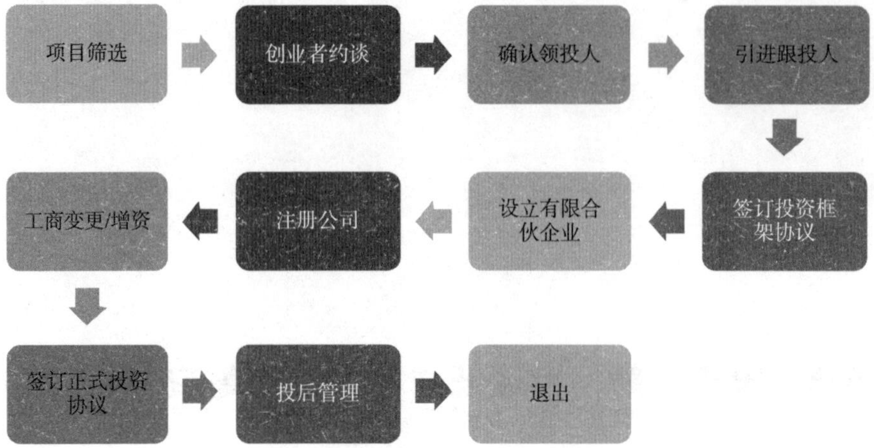

图 5-10　股权众筹基本流程

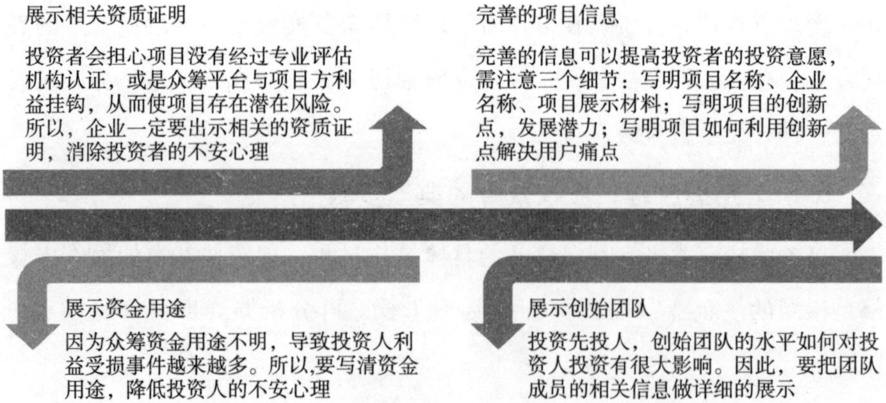

图 5-11　股权众筹过程中的四大细节

首先，展示相关的资质证明，消除投资人的不安心理。说明项目企业“基因生物有限公司”的相关情况，比如企业前身、企业的员工、企业的相关专利技术（见图 5-12）。

其次，完善的项目信息。这一点，该企业也做得非常细致。从企业的情况、融资的历程、技术的亮点、市场的分析、营销的策略、盈利模式、

【投资标的之二】

基因生物科技有限公司

（一）标的企业基本情况

标的2是一家由南方科技大学孵化，美国斯坦福大学和密歇根大学的博士留学生团队于2012年创立的生物科技公司。公司主要从第三代基因测序仪与通用试剂的研发，生产和销售。标的2现有员工60人，其中博士以上学历15人。公司自2013年开始，经过3年的研发，现已研制出具有国际先进水平的第三代基因测序仪（"GenCare"工程样机2号），该测序仪是亚洲首个具有自主知识产权、中国第一台制成样机的第三代测序仪。标的2申请了50多项专利（已获得国内专利39项），全球专利授权6项。公司已通过国家高新技术企业的认定，目前正在积极准备临床试验，预计2017年底至2018年初通过国家食品药品监督管理局的审批，获得三类医疗器械注册证（创新类），并在2018年全面投入市场。目前公司已与某知名基因机构签订基因测序仪销售合同。

图 5 – 12　标的企业的基本情况

投资回报、核心团队、投资的风险等都做了详细的展示（见图 5 – 13）。

再次，资金用途的展示。在项目介绍中，该众筹方的资金用途做了非常详细的展示。如团队建设费用、市场拓展费用、医疗研究所建设费用等都进行了详细说明。

最后，展示体核心团队。包括创始人 CEO、联合创始人 CTO、联合创始人 CFO、联合创始人 COO 都做了非常详细的展示，比如专业背景、学历背景、工作背景的介绍等。

5.3.3 退出机制，投资人最关心的问题

2014 年，股权众筹在我国迅速兴起，但是在行业看好、政策支持的情况下，股权众筹却也曾遭到冷遇，不少投资者对股权众筹项目采取了观望态度。究其缘由，还是因为股权众筹的退出机制不够完善。

股权众筹从 2014 年兴起至今，其发展时间不过三年，因此大多项目还处于进行阶段，退出的项目相对较少。一般来说，股权众筹可以通过股转债、IPO 退出。但是这两者还未有实现的案例。从已退出的案例来看，股权众筹的退出方式可以归纳为以下五种（见图 5 – 14）。

项目介绍

【投资标的之一】

深圳市标的1生物科技有限公司

（一）标的企业基本情况

深圳市标的1生物科技有限公司成立于2014年，总部位于深圳，注册资本690万元人民币，是一家专注于肿瘤ctDNA基因测序的国家高新技术企业。标的运用ctDNA基因测序核心技术，开展肿瘤癌症等疾病的超早期检测、预后监测、耐药评估，指导个性化药物研发、高端基因组体检，以及基因组生物大数据的分析及软件等服务。公司产品从病前、病中、病后为患者提供全方位的精准肿瘤健康管理方案，标的1通过与医院、体检中心等机构合作，提供基因样本制备、基因测序、测序分析、报告解读的全流程解决方案，公司现有员工100余人，合作医院超过一百家。

（二）融资历程

1）2014年12月，磐谷创投1000万元天使轮融资。
2）2016年5月，软银中国领投5000万元A轮融资，企业投后估值3亿元。

（三）核心团队

1、创始人&CEO：美国新墨西哥大学医学院生物医学博士，有近10年基因测序技术及测序仪研发经验，精通液体样本基因测序，任深圳市科创委、发改委专家。
2、联合创始人&CTO：中科院博士，曾任职NVIDIA高级技术工程师，GPU计算顾问，研究GPU并行计算10余年。精通高通量测序的数据分析技术及各种不同测序方法在肿瘤诊断应用中的分析方法。
3、联合创始人&CFO：美国新墨西哥大学商学院硕士，曾就职于美国旧金山大型会计事务所。精通国际财务核算方法，擅长现金流管理以及内控管理等企业经营管理事务。
4、联合创始人&COO：上海财经大学MBA，曾服务于华为技术有限公司、诺安基金管理公司，具有丰富的高科技企业及基金行业工作经验，熟悉企业运营管理、投融资事务。

（四）盈利模式

图5－13　项目相关的情况

1. 获得下一轮融资退出

股权众筹项目获得下一轮融资后，前一次参与融资的股东就可以全部退出，这是我国大多数股权众筹的退出方式。

天使客平台上的积木旅行股权众筹项目就是用这种方式退出的。2015年10月积木旅行获得某个风投机构投资后，参与前一轮股权众筹的41位投资人全部退出，并获得5倍回报。

2. 并购退出

是指新的投资方将上一轮投资方的股份全部或者部分收购，随之参与

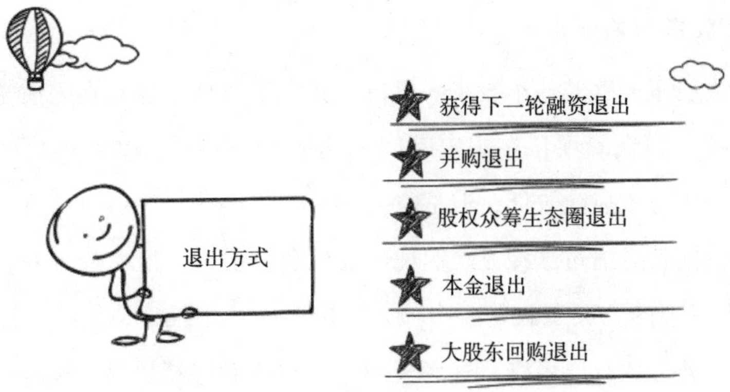

图 5 - 14　股权众筹退出的五种方式

上轮股权众筹的投资人即可退出项目，获得下一轮融资的退出方式也可以算作并购退出方式的一种。

如国内知名股权众筹平台“大家投”上的奇异果艺术创意产品商城项目就是通过这种方式退出。2016 年 7 月，该项目被某机构并购，参与股权众筹的 19 位投资人以获得 5.2 倍的回报悉数退出。

3. 股权众筹生态圈退出

现在不少股权众筹平台开始社群化、系统化、生态化，依靠内部社群关系，建立以平台为载体的股权交易机制，以此来帮助参与股权众筹的投资人实现退出。如京东的众创学院就是属于这种类型。

4. 本金退出

本金退出是一种新的退出模式，有两种方式：获得新投资后，上一轮的投资者可以选择继续持有全部股权，也可以本金退出但是增值的收益还可以作为股权继续持有。

海尔小帅影院就是本金退出模式的开创者。其在与下一轮投资者签订协议后，前一轮股权众筹的 69 位投资人，有 32 位选择了继续持有全部股权，27 位选择了本金退出但增值收益作为股权继续持有。

5. 大股东回购退出

是指大股东回购其他小股东的股份，其发生条件是建立在之前签订的投资协议中。如众筹项目在规定时间未达成预订目标，就可触发回购条款。该种退出方式风险较低，但是收益也不高。

如聚募网就是通过这种方式实现了股权众筹退出。2015 年 8 月，聚募网得知 PP 基金的大股东收购整个项目。按照协议中规定，聚募按照投资额加权平均的方式投票表决，有 95% 以上的投资者愿意退出。按协议中规定的一致行动原则，所有众筹股东以获得 2 倍回报的条件共同退出。

5.4 对赌不是赌命，协议内容要合理

对赌协议就是收购方与出让方在达成并购协议时，对于未来不确定的情况进行一种约定。如果约定的条件出现，投资方就可以根据协议内容行权。对赌协议虽然能给公司带来极大的利益，但同样的，与风险也是成正比的。在现实中，有不少公司实际控制人因为对赌协议而被“踢出”公司。要避免这种“被踢”的风险，就需要特别注意对赌协议内容的设计。

5.4.1 对赌协议风险四重奏

对赌协议的风险非常大，所以，公司在进行对赌之前，一定要先了解其风险是否是自己能承受的，如果承担不起最好不要选择对赌协议（见图 5－15）。

1. 不切实际的业务目标

对赌协议一旦隐含了不切实际的业绩目标，将会放大公司本身的不成熟的商业模式与错误的发展战略，最终把公司推向困境。

2. 急于获得高估值融资

某些公司因为对自己的发展过分自信，又急于获得高估值融资，从而未对投资人要求的差距进行详细衡量，也未仔细考虑经济大环境的不可控

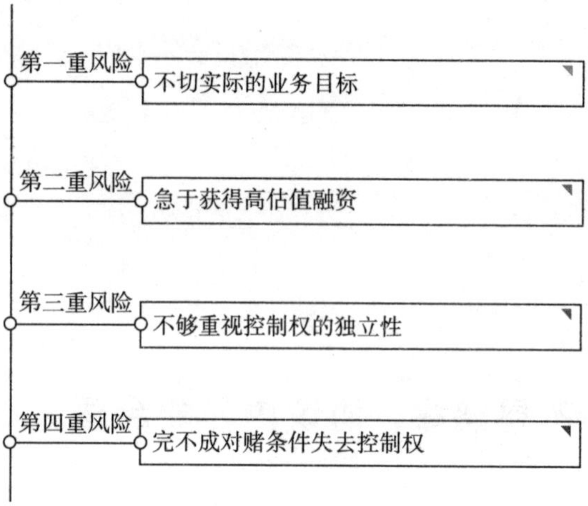

图 5－15　对赌协议需避免的四重风险

变数带来的负面影响。

3. 不够重视控制权的独立性

企业要重视一点，商业协议需要建立在双方尊重上，但也不能完全排除有投资方在资金紧张的情况下，向目标公司安排高管，插手公司的管理，甚至调整其业务。所以，一定要注意保持公司控制权的独立性。

4. 完不成对赌条件失去控制权

为了获得高融资，一些公司常常把对赌条件设计得非常高，以此来赢得投资人的关注。结果却常因为达不到对赌条件而失去对公司的控制权。因此，在设计对赌条款时，千万不能把对赌条件设计得太高。

5.4.2 了解对赌协议达成条件

要避免对赌协议的风险，就要对对赌协议的达成条件有充分了解，具体包括以下四个方面的内容，见图 5－16。

5.4.3 对赌协议的注意细节

公司在选择对赌融资方式时，还需创造一定的条件，注意一些细节问

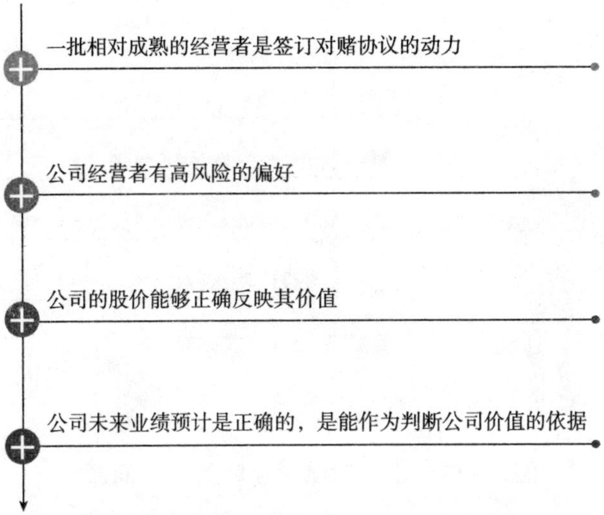

图5－16　对赌协议的四条达成条件

题。通常情况下，需要注意以下三个细节问题。

1. 对赌的评判标准需合理设定

对赌协议往往缺乏理性的分析判断，所以对融资公司来说，需要全面分析自身的综合实力，对整个行业的发展态势有较深入的了解，并建立能全面维护自己利益的关键渠道。如此，才能设定有把握的对赌标准。

2. 双方都要降低预期标准

对赌协议虽然不是导致公司失败的元凶，但是让输家雪上加霜却是事实。对赌协议是激励效应，如果太不理性就会误入歧途。因此，不管是哪一方，都要主动调低预期，尽可能为目标公司留足灵活进退、自主经营的空间。

3. 精心设计和协商协议条款

对赌协议的核心条款主要分为两个部分：一是约定未来某一时间判断公司经营业绩的标准；二是当不能达到约定标准时，融资方补偿投资方损失的方式与额度。因此，需注意以下五个问题，见图5－17。

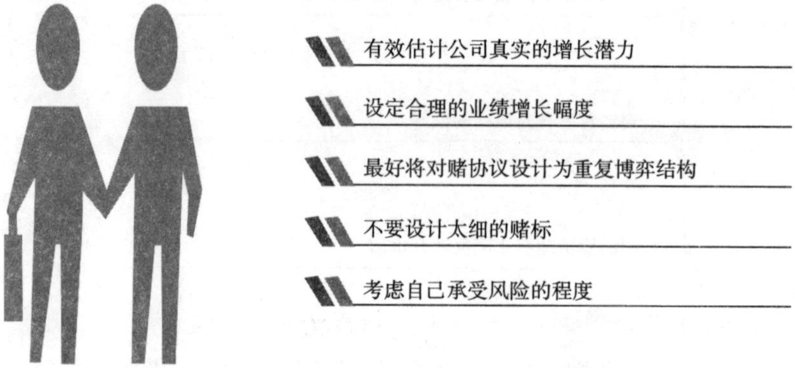

图5－17　设计对赌协议时的五个问题

5.5 引入新资本，这些风险不能不防

引进新资本对拟 IPO 企业在增强资金实力、制度创新、构建内部治理机制与提升核心能力方面都有着极其重要的作用。但是任何事情都是一体两面，新资本带来好处的同时也会带来风险。

5.5.1 风险一：公司价值被低估

拟 IPO 公司在引进新资本时，不管是通过股权转让还是增资扩股的方式，都和资产作价分不开。资产作价的高度直接关系到拟 IPO 公司的价值是否得到了充分体现，是否有被流失的情况存在。不少拟 IPO 公司因急于引进新资本，忽视了对公司价值的合理确定，在资产作价不能低于净资产值保护伞下就草草确定资产价格，因而造成公司价值被低估。

要避免这个情况，拟 IPO 公司可以通过以下的方式进行：

（1）严格把关评估环节。首先，需按照规范的程序选聘具备资质的评估机构；其次，根据企业情况在收益法、市场法、成本法中选取不低于两种方法对企业价值进行客观公正的评估，如果评估环节不能严格把关，则很容易造成企业资产价值被低估。

（2）最大化资产价格。首先，引进新资本需充分利用市场的价格发现

功能，通过媒体对外公开征集投资者；其次，当面临两个以上选择时，需充分利用市场竞争机制，以实现公司价值的最大化。

5.5.2 风险二：失去公司控制权

不管是谁，在引进新资本时都不希望丧失控制权，虽然在初始股权结构设置上可以确保绝对控股或者相对控股的地位，但并不意味着将来股权结构就是一成不变的，投资者可能通过其他手段增持股份从而夺取公司控制权。

面对这种情况，拟 IPO 公司可以通过以下几个方面来避免失去控制权。

第一，对“三会一层”，也就是股东会、董事会、监事会、经理层建立起分工明确、各司其职、互相制衡的组织结构与行为机制。

第二，董事会人员数量与结构上应能保证各股东的利益，可通过设置独立董事来保证董事会不会被某一方势力所控制。

第三，针对管理层建立以股权激励为主的激励机制，把个人利益与公司利益捆绑到一起。

第四，认真拟定新的公司章程，章程应充分明确各机构和经理人员的权限和责任，使其真正成为维护各股东利益和保障企业规范运营的企业“宪法”。

5.5.3 风险三：无形资产归属权

一些拟 IPO 公司在引进新资本时，是用公司的部分资产作为合资对象，因而可能会引发重要无形资产归属权问题。如果拟 IPO 公司在引进新资本时，重要无形资产归属不清，将来很可能产生重大的纠纷，进而影响公司 IPO。

如娃哈哈在引进法国达能集团时，就因未能把娃哈哈的商标权与使用权界定清楚，从而导致了娃哈哈集团的重大损失，甚至影响了公司的正常生产经营。

要避免产生无形资产纠纷，拟 IPO 公司可按照以下三点进行，见图5－18。

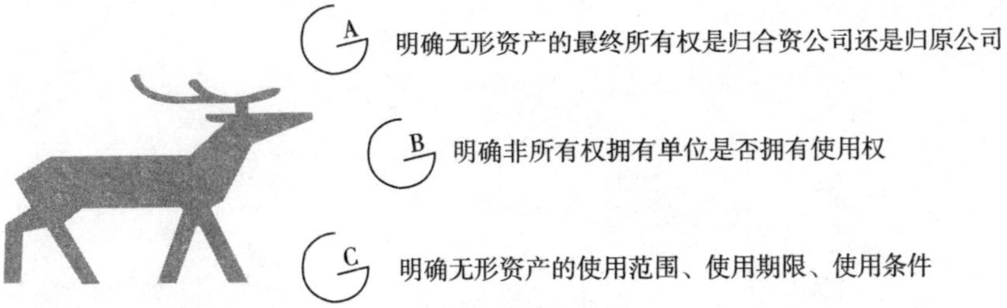

图 5－18 避免产生无形资产纠纷的三个办法

5.5.4 风险四：文化冲突

企业文化一旦确立，将会长期根植于企业，并不会轻易地因为一些变动而发生改变。拟 IPO 公司在引进新资本时，需充分考虑到对方的公司文化与自己的企业文化是否冲突。可以从两个方面进行考虑：一是先明确自己是否对对方的公司文化已经有了充分的理解；二是再判断出对方的公司文化是否与本公司的一致，或者能否被接受并融合。

公司文化冲突一旦产生，可能会对拟 IPO 公司产生以下负面影响，见图 5－19。

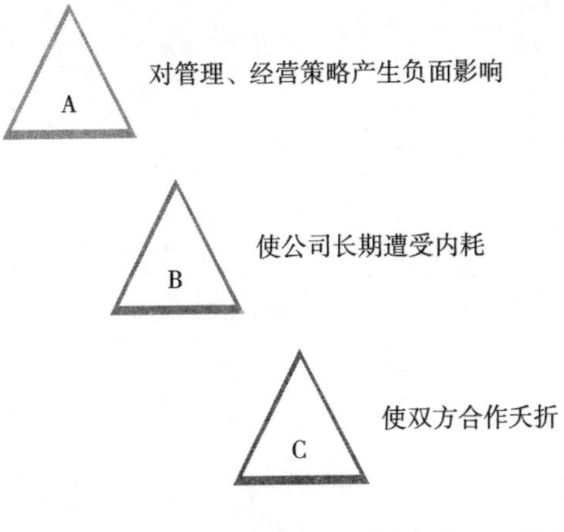

图 5－19 文化冲突对拟 UPO 造成的三大负面影响

第 6 章
并购重组：借他人之力敲开 IPO 大门

不少拟 IPO 公司本身存在很多问题，难以达到 IPO 的条件。为了尽快实现 IPO 目标，不少公司通过并购重组来改善自身问题，如突出主营业务、实现独立、规范关联交易、完善公司制度、明确股权归属等。但并购重组并不是一项简单的工程，任何一个环节出现纰漏，都会造成并购重组失败，从而影响公司的 IPO 进程。

6.1 为什么 IPO 前要并购重组

也许有不少人疑惑，为什么公司在 IPO 前要并购重组？其实这与中国证监会的规定有关。中国证监会规定："发行人应当是依法设立且持续经营时间在三年以上的股份有限公司，或者有限责任公司按原账面净资产值折股整体变更为股份有限公司"。公司 IPO 前进行并购重组，符合证监会对上市公司主体资格的要求。

6.1.1 突出主营业务

主板要求主营业务突出，创业板则要求主要经营一种业务。其实，不管要求是什么，都是为了让拟 IPO 公司把不相关的业务剥离出去，把相关的业务纳入到 IPO 主体中来。但是许多拟 IPO 公司的主营业务并不突出，或者经营业务广泛，难以达到相关证监会的要求。所以，只有通过并购重组，才能让主营业务具备完整的产供销体系，具备直接面向市场直接独立经营的能力，把不相关、不良业务剥离开来，完成证监会对主营业务的要求。

6.1.2 实现公司五独立

中国证监会对拟 IPO 公司有五独立要求，资产独立、业务独立、机构独立、财务独立、人员独立。但是大多数的IPO公司都难免存在关联交易、同业竞争的情况。而重组并购可以帮助拟IPO公司彻底解决这个问题。

6.1.3 规范关联交易与同业竞争

上文有述，虽然从2015年开始，证监会不要求拟IPO公司彻底消除同业竞争与关联交易，但仍对其信息披露有要求。拟IPO公司还需注意的一点是：虽然证监会不要求，但如果关联交易与同业竞争现象严重，还是会对IPO产生影响。因此，不管证监会要不要求，还是要尽量避免此两种问题的存在。公司在IPO前进行并购重组的过程中，可以考虑把同业竞争或关联交易金额比较大的公司归纳到上市主体当中，或是选择注销。

6.1.4 完善公司制度，提升运营效率

通过IPO前的并购重组，公司可以建立更加完善的股东大会、董事会、监事会以及经理层相关的规范运作的制度，建立更加健全完善的、合法合规的会计制度，帮助公司的治理水平得到进一步提升、业务流程进一步优化，最后达到提升公司整体运营效率的目的。

6.1.5 明确公司股权

拟IPO公司的股权必须清晰明确，没有任何法律障碍和纠纷。但是，拟IPO公司在经营的过程中，或者为了扩大发展，进行股权融资；或者为了留住人才，进行股权激励；又或者为了其他的原因，导致股权结构、股权归属问题不明确。并购重组可以帮助公司对股权进行重新梳理，发现并解决与IPO公司不符合的股权问题。

6.2 方式不同，IPO 目的相同

公司在 IPO 前并购重组的方式，主要可归纳为三种，分别是股权收购、资产收购、增资并购。公司可根据自身情况做选择。但不管是选择哪一种，都得明确一个目的："并购重组是为了让公司符合证监会的要求，达到 IPO 的标准"。

6.2.1 方式一：股权收购

是指拟 IPO 公司通过用现金或者股权置换等方式对目标公司进行股权收购，从而使其成为拟 IPO 公司的子公司。收购成功后，目标公司的财务数据即纳入到合并报表的范围。

苏州新达股份公司主营业务为电梯、扶梯零部件产品的生产与销售，为拟 IPO 公司康力电梯的上游零配件生产厂家。康力电梯为了达到证监会主体业务完整性的要求，就通过股权收购的方式将其纳入到上市主体中来。因双方拥有共同的实际控制人，所以在股权收购的过程中按照账面价值收购，无需缴纳所得税。

收购前苏州新达拥有 2240 万元出资额，股东情况分别为康力电梯（33.25%），鼎峰包装厂（33.05%），朱美娟（26.34%），朱小娟

（9.38%）。康力电梯以出资额收购鼎峰包装厂、朱美娟、朱小娟全部股份，收购完成以后，发行人全资控股苏州新达。

1. 股权收购者着重注意事项

收购一家存续很久的公司，远比新设立一家公司要困难且复杂得多，因此需严格把关，避免助力公司 IPO 不成，反而拖累了公司的 IPO（见图 6－1）。

法律
核查目标公司3年已经执行的合同、未执行完毕的合同、将要签署的合同的规范性，看是否存在临时修改、更换合同等恶意串通事故和情形

财务
核查目标公司近3年的财务状况、经营业绩，要求对方出具审计报告，确定财务状况和经营成果，判断对方是否对或有事项、不良资产、关联交易等事项进行了充分地披露

价值
合理确认目标公司的实际价值，以此作为确认收购成本的重要参考

风险
重视中介机构提出的各类问题显示的收购风险，并听取相关的意见，就其影响与各方进行讨论，最终取得一致意见

图 6－1　股权收购需着重注意的四大事项

2. 股权收购中存在的风险

有一些公司急于 IPO，因此在并购重组的过程中，常常忽略了目标公司一些潜藏的风险，从而导致了 IPO 的失败。面对股权收购这么复杂的工程，拟 IPO 公司一定要对对方有充分的了解与把握。一般而言，在股权收购过程中，目标收购公司会存在以下四个问题，见图 6－2。

6.2.2 方式二：资产收购

是指拟 IPO 公司通过现金收购目标公司的资产，完成收购后，目标公司可继续留存也可注销。

美的集团为了实现“研供产销一体化运营”的海外经营主体，不断地

A　股权权利瑕疵
如果出让方出让的股权存在权利瑕疵,将导致收购交易出现本质上的风险。在收购前可通过三种方式对出让股权进行查询，一是工商档案记录；二是目标公司内部文件；三是向目标公司其他股东、高管进行调查核查

B　主体资格职责
主要是指目标公司因设立可存续期间存在违法违规行为导致其主体资格方面可能存在的障碍

C　重大债权债务风险
出让方是否对目标公司全部债权债务进行如实披露并纳入股权价值评估范围；重大应收、应付款和其他应收、应付款是否合法有效。债权有无无法实现的风险；对外担保情况，是否有代为清债的风险以及代为清债后的追债风险

D　税务、环境保护、产品质量、技术等标准风险
享受优惠政策、财政补贴等政策是否合法规；生产经营活动和拟投资项目是否符合有关环境保护的要求；产品是否符合有关产品质量和技术监督标准

图 6－2　股权收购可能面临的四大风险

在海外实行资产并购。2016 年 7 月 20 日，美的集团公布了对德国机器人制造商库卡的收购：美的共持有库卡已发行股本及现有投票权的 85. 69% 。除了库卡，还收购了意大利中央空调企业 ClivetS. p. A. 80% 股权，以及日本老牌家电巨头东芝白家电业务 80. 1% 的股权。美的的海外资产并购，让其在越南、印度、巴西等 6 个国家建立了 7 个“研供产销一体化运营”的海外经营主体。

虽然美的已经 IPO 成功很多年，但其资产并购案例仍然值得许多 IPO 公司学习。因为美的通过在海外的资产并购，让自己的销售、股票得到大幅度地提升。如美的 2015 年的销售收入中，海外营销收入 80 亿美元，占比 40% , 2016 年更是突破了 50% 。

1. 资产收购的法律特征

资产收购的法律特征，主要体现在三个方面：一是协议主体是作为买卖双方的两家公司，但是不包括公司股东在内，所以，资产收购与控制权收购、股权收购的主体存在本质区别；二是资产收购的标的是出售公司的

某一特定资产，该公司负债不包括在内；三是完成收购后，收购公司与目标公司仍保有自己的独立法律地位。

2. 资产收购与购买资产式兼并的区别

有不少人把资产收购与购买资产式兼并混淆，其实两者有本质上的区别，主要表现在以下四个方面，见图6－3。

资产范围的差异
资产收购不发生 财产的概括转移，可以只转让“实质全部”的财产；购买资产式的兼并，其所购买的资产转移的是合并中解散公司的全部财产

债务承担差异
资产收购中，除买方公司在合同条款中有特别规定的情况下，买方公司只要对所购资产支付了含理对价，就不再承担卖方公司的任何债务，但购买资产式的兼并需要

股东地位差异
资产收购中，资产转让的对价归属于卖方公司自身，即使对价是股份卖方公司也可以作为持股分公司自己持有股份，卖方公司的股东的身价不会变化；但购买资产式的兼并却相反

法律后果差异
资产收购中，即使是全部资产转让也不发生卖方当然消灭的法律效力。如需要解散，则要由卖方公司负责，购买资产式兼并后，被兼并的主体资格消灭，且可以不经过清算手续消灭

图6－3　资产收购与购买资产式兼并的四大区别

6.2.3 方式三：增资并购

是指被收购公司股东用其持有的资产、股权向收购方增资。在以此增资的方式进行并购重组时，需要注意以下四个方面的问题。

1. 持股比例

拟IPO公司对目标公司的持股比例需要达到能控制目标公司的比例，否则，从原则来说就不是并购重组，只能算是一般意义上的投资。

2. 投资额

从理论上来说，目标公司已经成立并进行经营时，无论其成绩好坏，由于资本的价值积累功能，拟IPO公司的增资出资都不可能与目标股东的出资等值对价。拟IPO公司要想获得与目标公司原股东相同的股份，其出

资额可能高于目标公司原股东的出资额，也可能等于目标公司原股东的原始出资额，但不能低于目标公司原股东的出资额。目标公司股东股权的作价额确定见图 6－4。

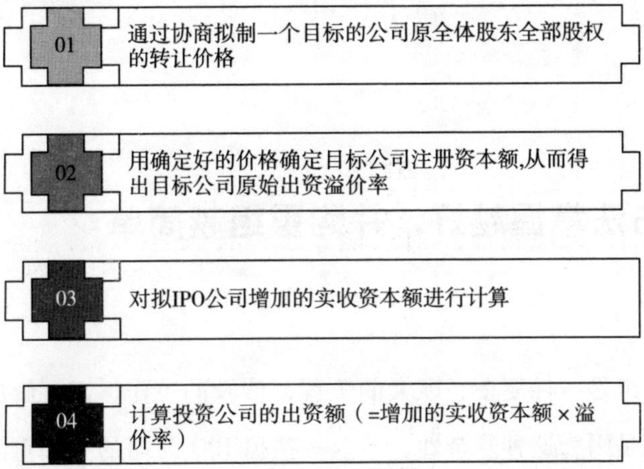

图 6－4　目标公司股东股权的作价额确定步骤

3. 非货币出资

从实务中看，一些目标公司有特别需要，如土地使用权、专利技术权的非货币出资方式出资。如果存在这种情况，就需要特别注意对非货币出资作价问题。虽然非货币资产出资法定必须经过评估后才能验资，但是拟 IPO 公司与目标公司的股东必须都同意评估结果，或是双方达成一致。如果过高，不仅有违《公司法》规定，也会直接侵害目标公司股东利益。

4. 公司章程修改

增资并购完成后，需要对目标公司的章程进行修改，修改的内容包括公司股东人数、注册资本额、公司董事会、监事会、总经理以及其他高级管理人员的产生以及其他内容。对目标公司章程的修改关系到拟 IPO 公司对目标公司的控制权以及能否顺利实现对目标公司的整合。所以，这个问题必须充分重视。

6.3 方法掌握越好，并购重组越简单

并购重组是一件复杂、庞大的工程，涉及的工作、需要解决的问题非常多。也就是因为这种复杂性，所以一些拟 IPO 公司的并购重组无法在短期内实现很好的整合，导致即使 IPO 成功，其股价表现也差强人意。其实，不同的公司、不同的并购重组方式，最后的结果也不同。但是，并购重组的一些方法却是共通的，只要掌握了这些方法，并购重组的工作就会变得相对简单，拟 IPO 公司也能达到自己的目的。

6.3.1 做好战略规划

拟 IPO 公司进行并购重组的目的是帮助自己达到 IPO 标准，获得更好的股票价。所以在选择目标公司时，要基于自身的产业环境，确定合适的产业并购战略与清晰的并购路线，也就是要规划并购重组的大方向。

在实务中，拟 IPO 公司所面临的产业环境较为复杂，拟 IPO 公司可根据以下的环境来做战略规划，见图 6－5。

6.3.2 组建并购团队

专业的事情需要专业的人来完成，特别是并购重组这么复杂系统的工作，更需要组建一个专业的团队进行。并购团队需要经验丰富的并购经理

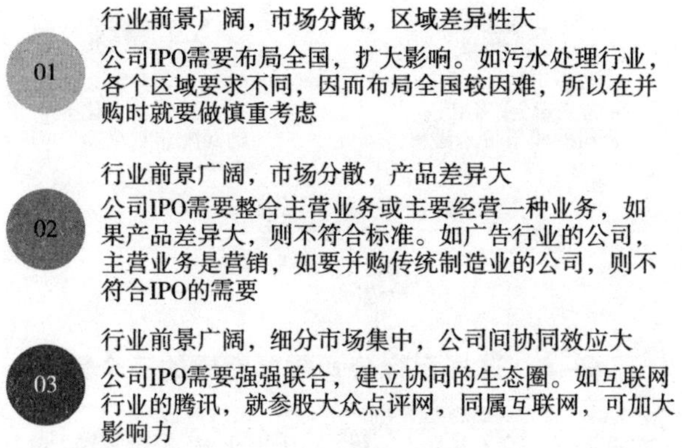

图6－5　三大主要行业环境

人带队，并有来自于投资、咨询、财务、法律或业务背景的成员，公司高管也需要深度参与其中。

6.3.3 建立工作机制

团队组建成功后，要为其建立一套并购重组常态的工作组织机制，其主要包括项目搜索、分析机制、沟通机制、决策机制。并根据相关要求，制定并购重组的指引性文件，针对不同阶段、不同目标公司、明确并购重组的主要工作内容、目标、流程、规范、方法与行动策略等。

6.3.4 确定目标公司

好的目标公司才能对公司的IPO起到作用，因而对目标公司的遴选就非常重要，可从以下方面进行考虑，见图6－6。

6.3.5 明确目标公司需求

拟IPO公司在并购重组的过程中，要懂得观察、捕捉、识别，最后满足目标公司的要求。一般情况下，目标公司愿意被收购主要是因为以下几个原因：一是业务发展乏力；二是财务状况不佳；三是现金流出现问题；四是产业发展受挫；五是管理能力不够；六是公司价值无法实现。根据目

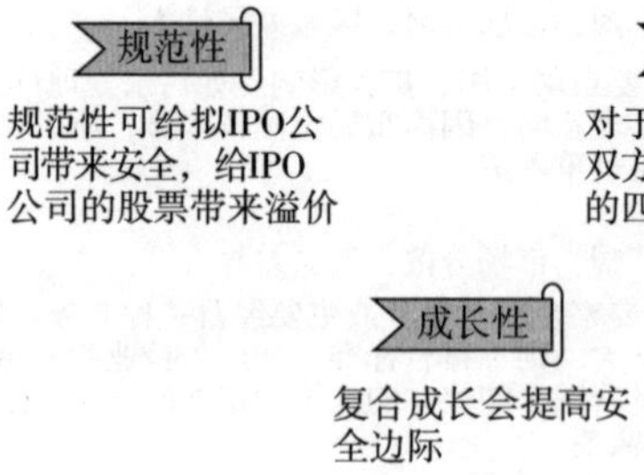

图6-6　选择目标公司需要考虑的三个因素

标公司不同的需要，给予不同的条件，以此来提高并购的成功率。

6.3.6 做好并购沟通工作

万事具备，只欠东风。并购能不能成功，关键的一步就是双方的沟通如何。一般情况下，拟IPO公司需要针对以下三个方面进行沟通，见图6-7。

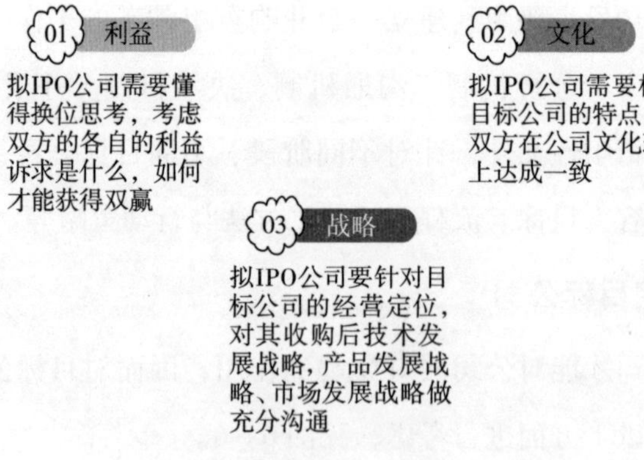

图6-7　并购沟通时需考虑的三个因素

6.4 注意！并购重组中的五个税务筹划点

并购重组涉及资金庞大，因而需要承担一定的税负。税负是并购重组中一项庞大的支出。所以，为了降低并购交易的成本，双方需要对税务进行一定的筹划。好的税务筹划不仅能降低税负，也能降低税务带来的风险。

在并购重组的过程中，会涉及很多关于税务的问题，其中有五个税务问题是筹划重点，拟 IPO 公司需充分掌握。

6.4.1 筹划点一：递延纳税

拟 IPO 公司想要降低税务成本，首先要考虑的是否可以递延纳税，可通过特殊性税务处理来完成。

《关于促进企业重组有关企业所得税处理问题的通知》（财税〔2014〕109 号）对于股权收购与资产收购有以下规定：股权收购，收购企业购买的股权不低于被收购企业全部股权的 75% 规定调整为股权收购，收购企业购买的股权不低于被收购企业全部股权的 50%；资产收购，受让企业收购的资产不低于转让企业全部资产的 75% 规定调整为资产收购，受让企业收购的资产不低于转让企业全部资产的 50% 。

因而，符合以下条件的可以按特殊性税务来处理（见图6－8）。需注意的是在处理时还要按照以下三个规定进行，见图6－9。

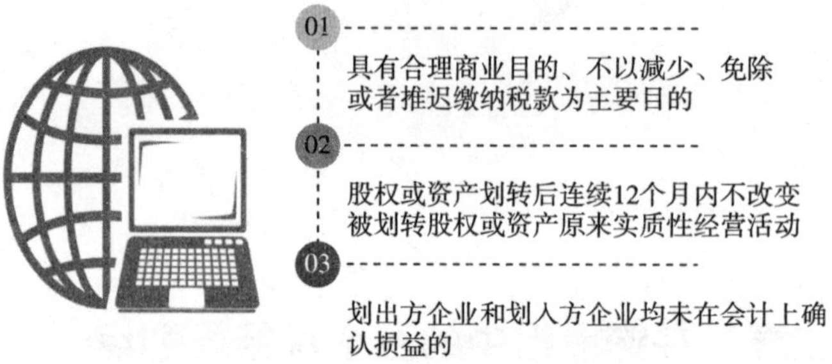

图6－8　三个符合特殊性税务处理的条件

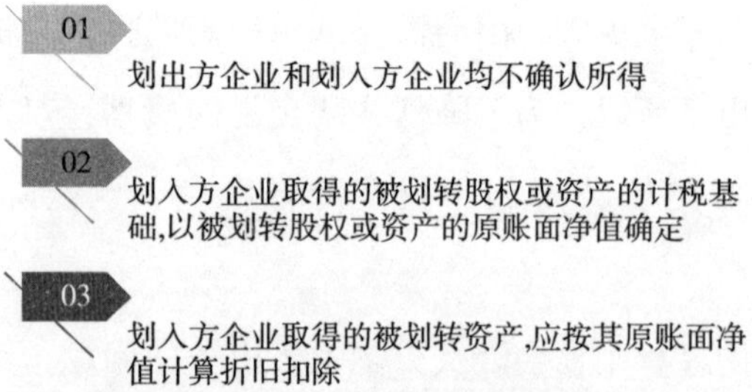

图6－9　特殊性税务处理需遵守的三个规定

6.4.2 筹划点二：减少增值税与营业税

拟IPO公司如果在并购重组中想减少增值税与营业税的支出，可以通过“资产与债务、债权的转让”完成，但是需要符合以下两个公告的规定：

一是根据《关于纳税人资产重组有关增值税问题的公告》（国家税务总局公告2011年第13号）规定：纳税人在资产重组过程中，通过合并、分立、出售、置换等方式，将全部或者部分实物资产以及与其相关联的债权、负债和劳动力一并转让给其他单位和个人，不属于增值税的征税范围，其中涉及的货物转让，不征收增值税。

二是根据《关于纳税人资产重组有关营业税问题的公告》（国家税务总局公告2011年第51号）规定，纳税人在资产重组过程中，通过合并、分立、出售、置换等方式，将全部或者部分实物资产以及与其相关联的债权、债务和劳动力一并转让给其他单位和个人的行为，不属于营业税征收范围，其中涉及的不动产、土地使用权转让，不征收营业税。

6.4.3 筹划点三：免税收入

拟IPO公司如果想要通过“免税收入”降低税负成本，则可以通过对“未分配利润、盈余公积”的处理来完成，但需要符合以下两个公告的规定：

一是根据《关于落实企业所得税法若干税收问题的通知》（国税函〔2010〕79号）第三条“关于股权转让所得确认和计算问题”规定：转让股权收入扣除为取得该股权所发生的成本后，为股权转让所得。企业在计算股权转让所得时，不得扣除被投资企业未分配利润等股东留存收益中按该项股权所可能分配的金额。

二是根据《国家税务总局关于企业所得税若干问题的公告》（国家税务总局公告2011年第34号）第五条规定：投资企业从被投资企业撤回或减少投资，其取得的资产中，相当于被投资企业累计未分配利润和累计盈余公积按减少实收资本比例计算的部分，应确认为股息所得；股息所得为“免税收入”。因此，在股权转让前，可以先分配股东留存收益。

6.4.4 筹划点四：降低应纳税所得额

拟IPO公司如果想降低应纳税所得额，以此来减少税务支出，可以通过对“成本核定”来完成。

根据《股权转让所得个人所得税管理办法（试行）》（国家税务总局公告2014年第67号）第十七条规定：“个人转让股权未提供完整、准确的股权原值凭证，不能正确计算股权原值的，由主管税务机关核定其股权原值。”

如海南省申报的股权转让收入一定比例（15%）来核定计税成本，如果是处于房地产、互联网等发展迅速的公司运用该核定方式，则核定的成本会大于实际成本。如此，就可降低应纳税所得额。

6.4.5 筹划点五：推迟纳税义务时间

拟 IPO 公司如果想减少并购重组的税务支出，可以通过“推迟纳税义务时间”来完成。也就是说，纳税义务发生的时间越晚，拟 IPO 公司支出的税负就越少。但是要成功运用这一方法，需要符合以下两个公告的规定：

一是根据国税函〔2010〕79 号文件规定：企业转让股权收入，应于转让协议生效、且完成股权变更手续时，确认收入的实现。

二是根据《股权转让所得个人所得税管理办法（试行）》（国家税务总局公告 2014 年第 67 号）规定：具有下列情形之一的，扣缴义务人、纳税人应当依法在次月 15 日内向主管税务机关申报纳税（见图 6－10）。

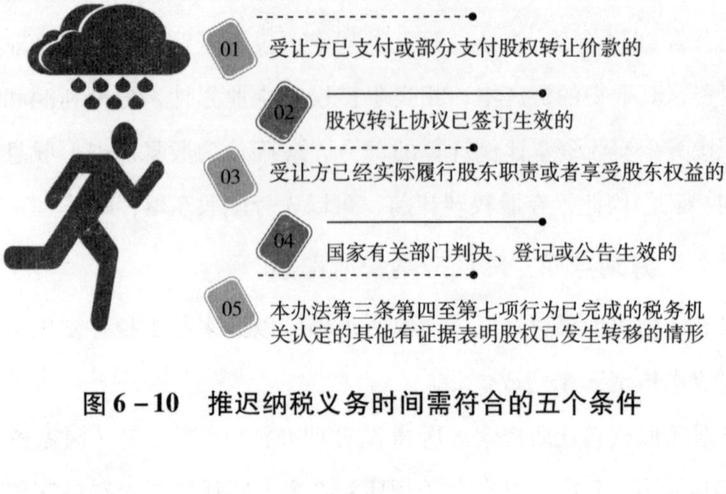

图 6－10　推迟纳税义务时间需符合的五个条件

6.5 这些都是尽职调查的关注重点

公司在 IPO 前的尽职调查不能少，同样的，在并购重组中，对目标公司的尽职调查同样也不能少。尽职调查是并购重组的基本前提，通过尽职调查，拟 IPO 公司对交易风险有充分的了解，且针对该风险而提出解决思路，调整并购重组的交易路线，最后促成交易。

6.5.1 法律篇

对并购重组的法律尽职调查，其实与对拟 IPO 公司的法律尽职调查，关注的重点并没有太大的区别，都具有共同的适用性。

1. 主体资格

核查目标公司是否具备依法设立与经营必备的相关证照，如营业执照、组织机构代码证、税务登记证（三证合一）、开户许可证、外资公司批准证书、社保登记证。

2. 内部治理

通过对目标公司的公司章程、三会议事规则等文件的调查，核查其三会一层的设置情况与职权范围、三会会议记录、职能部门和内部管理制度、机构独立情况。完善的内部治理结构是公司有效运行的保证。如果缺乏完善的内部治理，很可能影响公司的 IPO。

3. 股权情况

对目标公司的股权情况调查主要包括两个方面：一是股权的设置；二是历次增资与股权转让。需重点关注以下五个方面的内容，见图 6－11。

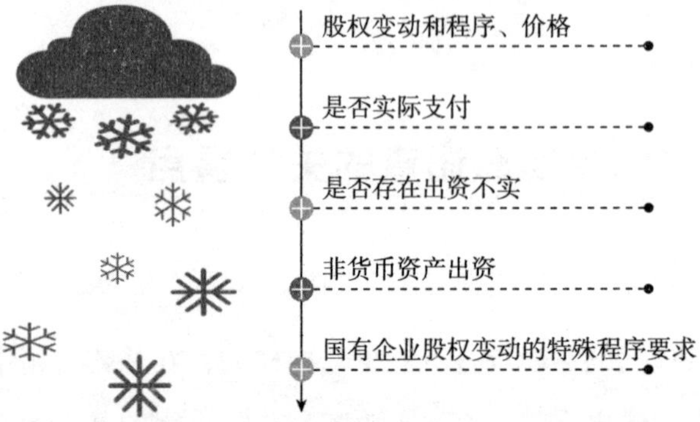

图 6－11　股权尽职调查需重点关注的五个方面

4. 主营业务

对目标公司的主营业务调查内容主要包括六个方面：一是主营业务情况；二是业务变化情况；三是业务资质；四是同业竞争；五是关联交易；六是重大债权债务。需要重点关注的问题包括以下四个方面，见图 6－12。

5. 资产

对目标公司资产的尽职调查主要内容包括：不动产、重要动产、知识产权、权利取得与限制情况、对外投资情况。需重点关注两个方面的问题：一是目标公司资产是否权属清晰、证件齐备；二是是否存在权利瑕疵、权属争议纠纷或其他权属不明的情况。

6.5.2 税务篇

目标公司如果存在太多的税务问题，会对公司的 IPO 造成直接影响。

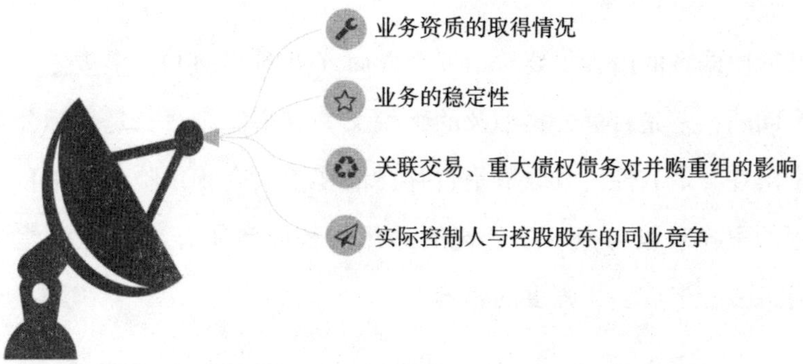

图 6－12　主营业务尽职调查需重点关注的四个问题

因为在 IPO 完成后，目标公司的财务会纳入合并报表中，如果出现税务问题，会对公司的股票价格产生直接影响。所以，拟 IPO 公司在并购重组前就要做好目标公司的税务尽职调查。一般来说，税务尽职调查的主要内容包括以下三个方面。

1. 纳税主体基本情况

其调查的内容包括四个方面：一是纳税主体资格；二是内部组织结构及管理制度；三是外部组织结构及关联关系；四是主要经营情况。其重点关注的内容包括以下几个方面，见图 6－13。

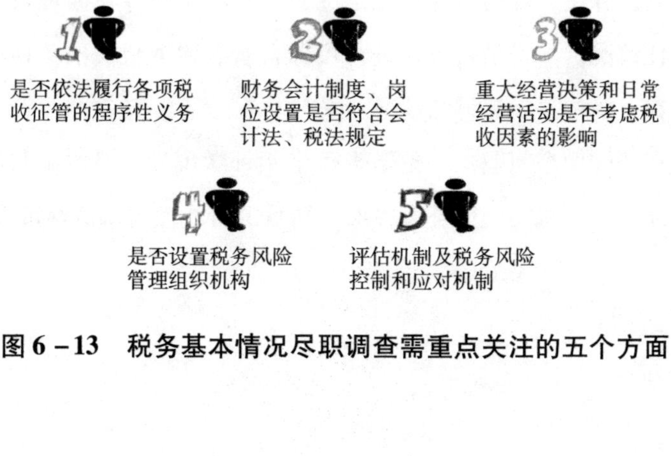

图 6－13　税务基本情况尽职调查需重点关注的五个方面

2. 税收适用政策

其尽职调查的内容主要包括五个方面（见图6－14）。需要重点关注以下三个问题：一是目标公司涉及的纳税义务有多复杂；二是目标公司所适用的全国性与地方性税收政策是否存在潜在重大变化风险；三是目标公司所适用的税收政策与拟 IPO 公司所适用的税收政策存在的主要差异有哪些，对双方会造成多大程度的影响。

01 经营活动涉及的主要税种的全国性税收法律、规章及政策性规定

02 主要经营活动所涉及的主要税种的所在管地、自治区、直辖市及所在地市的税收政策性规定

03 主要经营活动所涉及的主要税种的全国性税收政策近三年的重大变化

04 主要经营活动所涉及的主要税种的所在地税收政策近三年和重大变化

05 目标公司的税种及税收政策与拟IPO公司之间的差异

图6－14　税收适用政策尽职调查的五个内容

3. 税务争议情况

其尽职调查的主要内容包括三点：一是过去五年内是否存在因为税收违法而被处以补税、处罚情况；二是过去五年内是否存在因税收犯罪被判处刑事责任情况；三是是否正在进行税务自查、税务机关税务检查、受公关机关侦查、受检察院起诉的情况。

需重点关注两个问题：一是是否已足额补缴税款、滞纳金与罚款；二是未来可能被税务机关处以补缴税款、罚款的可能性与救济性可行性。

第 7 章
IPO 路径：要选择，不是每条大路都通罗马

IPO 是一项系统工程，任何细节的疏漏都可能导致 IPO 被否。所以，IPO 的时机、地点、板块、方式的选择对 IPO 的结果产生极大的影响。时机选择不当，会影响融资额；地点选择不当，会影响 IPO 结果；板块选择不当，则可能直接被拒于 IPO 大门之外；方式选择不当，则可能增加 IPO 成本。可以说，公司 IPO 要成功，天时、地利、人和缺一不可。

7.1 审时度势——IPO 时机选择

做大事讲究天时地利人和，公司 IPO 这件大事更是如此。公司如果想让自己 IPO 成功，并使自己的 IPO 价值最大化，那么就必须选择一个合适的上市时机。资本市场波动幅度大，不同的时间点，有着不同的情况。同一家公司，也许在这个时间段 IPO 不成功，但在另一个时间段就能成功。那么，公司如何才能知道什么时间段 IPO 才是最合适的呢？可以根据以下几个判断标准做选择。

7.1.1 外部因素

公司选择 IPO 时机时，首先要考虑的是外部因素对自己是否有利。一般影响 IPO 的外部因素包括以下三个方面（见图 7 - 1）。

1. 宏观经济

宏观经济的表现情况对公司 IPO 时间点的选择有着非常大的影响。通常，资本市场经济迅速扩张就代表 IPO 公司数量极大增加，各公司对资本的需求增加。宏观经济形势乐观，公司 IPO 成功率就高，公司 IPO 后获得市盈率也较高。

所以，拟 IPO 公司应该尽量避免在股市低迷的时间段或者刚恢复期选

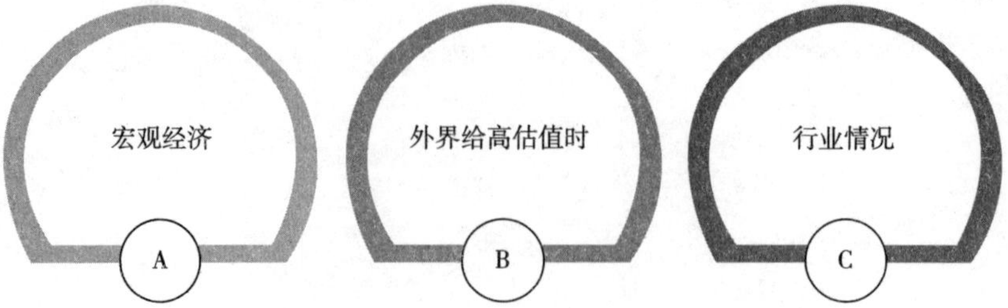

图 7－1　影响公司申请 IPO 的三大外部因素

择 IPO。因为，这个时期的投资者多数都会采取观望态度，且存在强大的防备心理，不轻易购买股票。公司在这个时间段选择 IPO，即使成功，其获得市盈率肯定也不如预期。

2000 年 3 月 10 日，美国高科技股市纳斯达克，进行了重大调整，创下 5048 点的收盘记录，下跌率达到 31%。股市低迷情况严重，甚至掀起抛售风潮。而此时，新浪却选择了 IPO 上市。新浪在纳斯达克共发行了 400 万股，每股股价为 17 美元，总融资额 6800 万美元。有不少专业人士表示，如果新浪不是在这个时间点进行 IPO，其股票发行价应能更高。

2. 外界给高估值时

选择在最高估值时上市可以为公司获得最大的融资金。从金融行为理论的角度来看，二级市场的高估值一般都是来自于投资者的高投资情绪。如果公司选择在投资者对自己有高估值时选择 IPO，不但能获得承销商对股票的高定价，赢得投资和追捧，还能降低公司的 IPO 成本，一举数得。

如 2016 年，中国快递公司扎堆 IPO。投资者对快递公司 IPO 的新闻已经屡见不鲜。但是，韵达却得到了空前关注，原因就是因为韵达选择了在自己获得 180 亿元高估值时进行 IPO。如此，只要 IPO 成功，不管是股票价格还是销售情况都将十分乐观。

3. 行业情况

公司在选择IPO时机时，一定要考虑所处行业的整体情况。如果行业情况好，不止IPO成功几率高，也能获得更高的市盈率，反之亦然。

贵人鸟在IPO时就犯了这个错误。2008年奥运会后，体育品牌在中国内地发展迅速，开店战略带来的规模效益已经完成了充分的业绩释放。之后，体育运动品牌的行业环境越发不乐观。

香港上市公司匹克在2011年财报中披露：2011年第四季度，公司同店销售增长仅为1.7%，远低前三季的水平。同时，一直表现良好的特步也遭受到了投行的降级，招商证券认为特步在2012年的业绩将出现大幅度放缓，因而招商证券给出了特步弱于大势的评级。国内运动品牌龙头李宁营业收入更是出现了负增长。根据2011年公布的年报显示：李宁2011年全年营收89.92亿元，较2010年减少近5亿元。

由此可见，2012年，运动品牌行业的发展情况整体低迷，贵人鸟选择在这个时间段上市，必然无法实现自己的IPO融资目标。

7.1.2 内部因素

除了外部因素，内部因素更是影响公司IPO成功的关键。一般而言，影响IPO的内部因素包括以下三个方面（见图7-2）。

1. 财务状况

财务状况是公司IPO的关键点，所以选择在公司财务状况良好时进行IPO，必然能提高IPO的成功率，也能获得更高的发行价。

贵人鸟在此就犯了错误。在利润方面，贵人鸟在2009年到2011年上半年期间，主营业务的毛利率分别为27.04%、31.95%、38.66%。虽然增长速度不错，但与同类公司对比却相对较低。如特步在2009年到2011年上半年期间，毛利率分别为39.14%、40.65%、40.91%。先不说对比同类企业，就连行业的平均值都未达到。同期行业的平均值为38.62%、

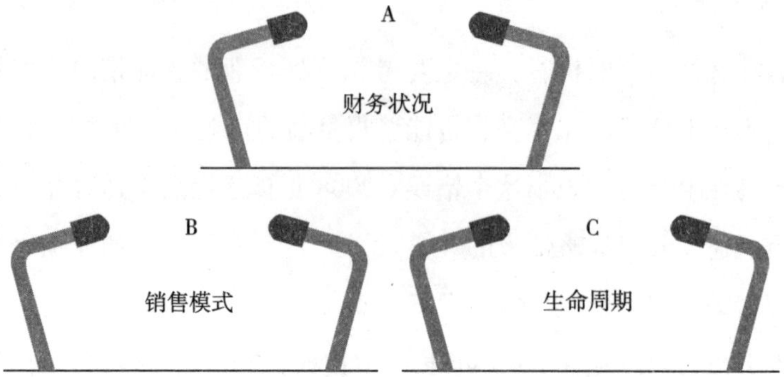

图 7-2　影响公司申请 IPO 的三大内部因素

40.95%、41.86%。所以，贵人鸟选择在自己的财务指标表现不突出时 IPO，显然是个极大的错误。

2. 销售模式

销售模式如何会对 IPO 有重大影响。如果公司在销售模式不合理的情况下选择 IPO，必然会遭遇关联交易的怀疑。

根据贵人鸟的相关资料显示，显然也犯了这个方面的错误。贵人鸟对经销商严重依赖。贵人鸟的主要销售模式是“向经销商批发销售”，2012 年申请 IPO 时有 32 家经销商团队。其申报稿中显示“贵人鸟 2011 年度前五大客户的销售收入占总销售收入的 51.47%，2010 年度、2009 年度的数据分别为 47.72%、41.08%，其中，2011 年第一大客户陈春和尹小军夫妇控制的区域经销商的销售收入占总销售收入的 22.40%，存在依赖大客户的风险”。一旦前五大客户不再续约，将对贵人鸟的利润产生重大影响。因此，贵人鸟选择在自己未调整销售模式时 IPO，必然会被证监会质疑甚至否决。

3. 生命周期

公司在资本市场能募得多少融资金额，与企业自身价值有很大的关系。一般情况下，生命周期处于成长期的公司更能得到资本市场的认可。一般认为，企业的成长速度达到最高点的 50% 到 60% 时，就是最佳的 IPO 时机。低于这个数值，则意味着公司基础还未牢固，需要进一步完善提高；高于这个数值，则意味着成长空间已经所剩无几，无法留给资本市场一个较大的想象空间。所以，公司选择在自己的生命周期处于成长期时进行 IPO，是最好的时机选择。

7.2 放眼全球——IPO 地点选择

资本市场虽然是一个相对开放的市场，但对于拟 IPO 公司而言，并不是每一个市场都合适。所以，一定要根据公司自身的发展目标和诉求，慎重考虑 IPO 地点的问题。是深交所、上交所，还是境外交易所，IPO 地点是一项非常重要的战略选择。

7.2.1 外部因素

选择在境内 IPO 还是境外 IPO，公司需要考虑外部因素，一般来说，IPO 地点的选择受以下两个外部因素影响。

1. 估值水平

估值水平决定了公司上市时的融资额。对于大公司、高成长性公司以及新兴行业的公司，境外市场一般都能给予较大的估值。如香港市场，来自品牌消费、零售渠道、新能源、医药医疗等高成长行业的公司的发行市盈率都有着不错的表现；美国的纽交所和纳斯达克则对来自互联网、连锁教育等高成长、低盈利的公司情有独钟。如果是小公司，受资金环境、监管环境、投资者构成等因素的影响，A 股市场的整体估值水平则较国际主要市场偏高。

2. 上市成本

上市成本是公司选择IPO地点最重要的考虑因素之一，无论是什么性质的公司都希望自己能用最小的代价IPO成功。

如果是从上市时间的可控性角度来看，境外市场的优势非常明显。因为境外资本市场的制度相对成熟，审批机构运作透明度和速度都较境内市场高，而且独立于其他政府行政部门，所以很少会因为政府因素导致上市时间延后。所以，一般来说如果公司自身没有特殊重组需要，境外市场的IPO时间只需要6到9个月。而境内，需要经历股改、辅导、审批、排队上市等环节，需要1~2年时间。同时，因为审批机构会根据宏观政策和市场情况，控制新股发行的节奏，甚至关闭IPO，导致IPO的时间无限延长。上市时间的延误不仅会增加成本，还可能对公司的重大业务发展机会产生影响。所以，就上市时间而言，境外市场比境内市场更适合IPO。

如果从IPO费用角度来看，境外中介机构的收费比境内高出很多。所以就上市费用的角度来看，境内的资本市场较为适合公司IPO。

7.2.2 内部因素

除了考虑外部因素，公司还需要考虑内部因素。一般来说，IPO地点的选择会受以下两个内部因素的影响。

1. 业务规模

从业务规模的角度来看，处于传统行业且业务规模较小的公司应尽量选择境内市场。境外的投资人一般有特定的认知："成熟行业的中小公司很难有大的发展机会"。所以，他们不会给出很高的估值。而如果公司无法获得高估值，即意味着公司未来的流通市场也会受到限制，会对股票的流动性造成极大的负面影响。

2. 行业角度

从行业角度来看，如果是以下三种情况，则最好不要在境内上市，见

图7－3。

1

如果公司是处于品牌消费、零售渠道、新能源、装备制造、矿物资源等行业，则可以选择境外上市。因为境外投资者对这些行业有非常高的认可度，可以获得较高的估值

2

如果公司是处于互联网、连锁教育等新兴行业，最好不要选择境内市场，因为处于这个行业的公司无法满足境内市场对盈利记录的要求，而境外市场却不会有此要求

3

如果公司是处于房地产、纺织、电解铝、水泥等受国家产业政策调控的民营业，也最好不要选择境内市场

图7－3　不要在境内申请IPO的三种情况

如2014年，就有不少互联网企业选择在美国纽交所和纳斯达克上市。

2014年9月19日，阿里巴巴，美国纽交所挂牌上市。

2014年8月7日，创梦天地，美国纳斯达克正式挂牌上市。

2014年6月24日，迅雷，美国纳斯达克证券交易所挂牌上市。

2014年6月13日，智联招聘，美国纽约证券交易所挂牌上市。

2014年5月20日，京东，美国纳斯达克证券交易所挂牌上市。

2014年5月17日，聚美优品，美国纽约证券交易所挂牌上市。

2014年5月9日，途牛网，美国纳斯达克证券交易所挂牌上市。

2014年5月8日，猎豹移动，美国纽约证券交易所挂牌上市。

2014年4月17日，新浪微博，美国纳斯达克证券交易所挂牌上市。

2014年4月17日，新浪乐居，美国纽约证券交易所挂牌上市。

2014年4月3日，达内科技，美国纳斯达克挂牌上市。

7.3 多方比较——IPO 板块选择

主板、中小板、创业板对于拟 IPO 公司的主营业务、财务指标、上市环节、法律监管都有不同的要求，公司应根据自身的情况及对应的板块要求选择上市板块。公司在选择 IPO 市场时，可以从以下五个方面进行考虑。

7.3.1 从主营业务角度

中国成立创业板市场就是为了给那些处于成长型的、创业期的、科技含量比较高的中小公司一个机会，让他们可以通过资本市场的力量获得快速发展。创业板一般侧重四个类型的公司，见图 7－4。

而主板和中小板对于拟 IPO 公司的行业属性及主营业务类型并没有特别要求，只要符合要求即可申请 IPO。不过，如果是上述四种类型的公司，还是选择创业板为佳，毕竟创业板是针对这类型的公司专门成立的，不管是法律法规，还是资本市场的投资者，都较为适合。

7.3.2 从财务指标角度

主板、中小板企业对于公司规模比较看重，也就是财务指标比较看重，对此做了以下的要求，见图 7－5。

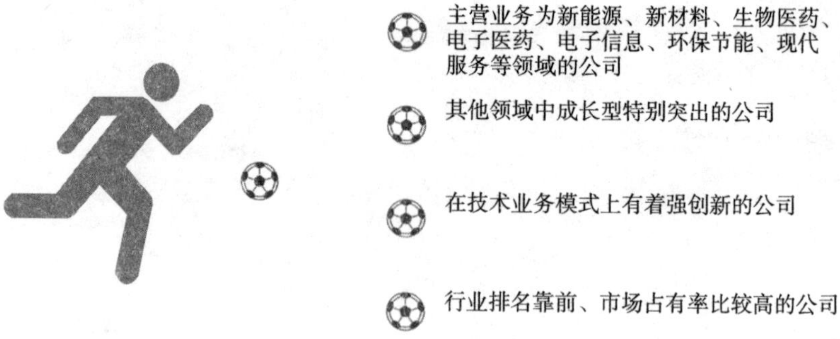

图7－4　创业板侧重的四类公司

01 发行人是依法设立且持续经营3年以上的股份有限公司

02 发行人最近3个会计年度净利润均为正且累计超过人民币3000万元

03 最近3个会计年度经营活动产生的现金流量净额累计超过人民币5000万元，或者最近3个会计年度营业收入累计超过人民币3亿元

04 最近一期末无形资产（扣除土地使用权等）占净资产的比例不超过20%

05 发行前股本总额不少于人民币3000万元

图7－5　主板对拟IPO公司的财务指标提出的五大要求

创业板更强调公司的成长性和持续盈利的能力，对拟IPO公司的财务指标做了以下的要求，见图7－6。

根据主板、中小板和创业板对财务指标的不同要求，拟IPO根据自己的情况选择申报的板块。如果是行业成熟、规模较大的公司，则可以考虑在主板和中小板上市；如果是新兴、规模较小、盈利还不稳定的公司则可

- 净利润、收入

  最近两年连续盈利，最近两年净利润累计不少于1000万元；或者最近一年盈利，且净利润不少于500万元（净利润以扣除非经常性损益前后较低者为计算依据）

- 股本总额

  发行后股本总额不少于3000万元

- 资产

  最近一期末净资产不少于2000万元

- 其他

  最近一斯末不存在未弥补亏损

图 7－6　创业板对拟 IPO 公司的财务指标提出的四大要求

以考虑在创业板上市。

7.3.3 从过会比例角度

过会比例也就是 IPO 成功率，是选择上市板块最为关心的问题。根据过会资料显示，前几年创业板的过会率总体高于同年主板和中小板。

如 2011 年，中小板、主板共申报公司 204 家，过会 151 家，过会率 74.02%，创业板共申报 135 家，过会 112 家，过会率 82.96%；2010 年中小板、主板的过会率为 83.6%，而创业板的过会率高达 91.18%。但是到了 2016 年，发审委通过审核的公司有 247 家，被否公司 18 家，通过率 92.71%，其中主板通过率 95.73%，创业板通过率 86.75%；2017 年 IPO 速度加快，仅一季度就有 103 家过会，通过率 88.35%，主板通过率 93.94%，创业板通过率 78.38%。

由此可以证明，主板、中小板、创业板的过会率受政策、法规法规、宏观经济的影响。因此，公司在选择板块时，需要查找近期各个板块 IPO 的过会情况，如果发现哪一个板块过会率明显降低，那么就最好选择其他板块，或者先观望一段时间。

7.3.4 从审批环节角度

从审核周期的角度来看，因为中小板和主板的发行审核委员会是同一个，而创业板则单独拥有一个创业板审核委员会，所以，从理论角度来看，创业板排队审核的速度应该要比主板和中小板快。不过，因为创业板对于拟IPO公司的盈利指标没有提出要求，所以为了降低风险，创业板审核要比主板和中小板的审核更加细致。面对同一个问题，创业板发审部门往往会要求保荐机构反复核查、不断反馈。对于信息披露的问题，创业板也比主板和中小板来的高。所以，拟IPO公司在选择上市板块时，要对各个板块的审批环节做综合考虑。

7.3.5 从募资安排角度

主板、中小板要求拟IPO公司的募集资金应该应用于主营业务方面，没有做出明确的要求不能用于其他方面。而创业板对拟IPO公司募集资金的使用有着严格的要求，募集资金只能用于发展已有的主营业务，不得挪作他用。拟IPO公司可从自身对资金使用范围的角度来选择上市板块。

7.4 权衡利弊——IPO方式选择

公司要进行IPO，可以选择整体上市和分拆上市两种方式。至于选择哪一种，应对两种IPO方式的优势、劣势、具体的要求、适合的情况有个充分的了解，然后看看自己适合哪一种上市办法。

7.4.1 整体上市

整体上市是指一家公司将其主要资产和业务整体改制为股份公司进行上市的做法。整体上市可以带来三大积极意义：一是整体上市与股票市场所具备的产业整合功能相符合，可以帮助优质公司做大做强，进一步发挥公司的产业、产品、管理等方面的优势，可以有效降低公司与市场的交易费用以及交易成本；二是有利于消除关联交易等资本市场的痼疾；三是有利于为资本市场的金融创新拓展空间。

1. 整体上市的四种途径

一般来说，整体上市的途径有以下四种（见图7－7）。

方式一：收购所属上市公司。是指拟IPO公司与所属上市公司公众股东以一定的比例换股，吸收合并所属上市公司，同时申请IPO，发行新股。例如TCL公司就通过吸收合并子公司TCL通讯，成功IPO后，原TCL通讯

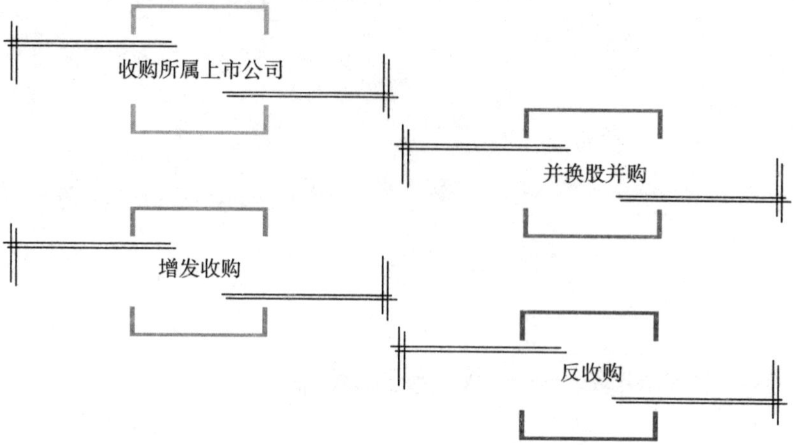

图7－7　整体上市的四种途径

则被注销。

方式二：并换股并购。是指将同一实际控制人的各上市公司通过换股的方式进行吸收合并，以此达到整体上市的目的。如第一百货就是通过向华联商厦股东定向发行股份进行换股，从而吸收合并华联商厦，再将第一百货更名为百联股份，达到整体上市的目的。

方式三：增发收购。是指集团所属上市公司向大股东定向增发收购大股东资产以实现整体上市。有不少企业都采取了这种整体上市模式，如鞍钢、太钢不锈、本钢板材等公司。

方式四：反收购。是指再融资反收购母公司资产。其优点是方案简单易执行。但是市场接受度比较低，特别是新置入资产盈利能力比较弱导致每股净收益摊薄的情况下。该模式比较适合大型公司，小公司不建议使用。

2. 整体上市的优势

采取整体上市的方式进行IPO，可以给公司带来以下四个方面的好处。

好处一：增加净现金流量，有效改善资金困难。市场竞争日益激烈，不少公司都陷入了极速扩张的竞赛中，因而资金运转越来越困难。而整体上市正可以帮助公司有效解决这个问题，具体表现为三个方面，见图7－8。

1. 通过资本市场，公司可以找到新的筹资渠道，而公司的盈利能力会随着筹资能力的提高而提高，从而引起经营性现金流量的增加

2. 通过优质资产的注入，可有效提高整体上市公司的净资产收益率与配股能力

3. 运营风险与资本结构的改善可使财务风险和财务费用降低，使资本组合效应得到提高

图 7－8　整体上市解决资金问题的三大表现方式

由此可见，如果拟 IPO 公司采取整体上市的方式，就可以建立起一个与自身业务相匹配的、且更加有效的持续融资与资本运作平台，最后使公司的财务状况得到极大改善。

好处二：解决大量关联交易，提高公司价值。公司 IPO，最大的障碍就是存在关联交易。而整体上市是把公司作为一个整体来看待，母公司与上市公司的利益是一致的，从而在源头上避免了两者之间存在的关联交易与同业竞争的问题，并让上市公司在财务与经营上保持绝对独立性。除此之外，整体上市还能使公司的财务信息更加客观公开，更符合证监会的要求。

3. 整体上市的弊端

有优势自然有劣势，整体上市也不是完美的，拟 IPO 公司在采取整体上市时，也要慎重考虑其所存在的问题，权衡这些问题自己是否可以解决。总体而言，整体上市存在的弊端有以下两个方面。

劣势一：股份被稀释。大股东持股较多能保持控股地位，但是会导致直接发行股票数量较少，达不到公司 IPO 融资的目的。但是，如果发行交易的公众股票数量过大，则意味着大股东持股份额减少，很可能对控股权造成影响。所以，如何确定发行量是非常关键的一个问题。

劣势二：产生丢失控股权的风险。公司整体上市后，一旦出现敌意收购行为，上市公司大股东如果无法绝对控股，就会面临失去控股权的风险。

7.4.2 分拆上市

分拆上市可以从广义和狭义两个方面去理解。广义的分拆上市是指公司将部分业务从母公司中独立出来单独上市；狭义的分拆上市是指已上市公司将其部分业务或者某个子公司单独出来，另行 IPO。分拆上市之后，原母公司股东的持股比例和绝对持股数量不但不会发生任何变化，还可以按照持股比例享有被投公司的净利润分成，而且子公司分拆上市成功后，还将获得超额利润。

1. 分拆上市的战略意义

为什么这么多公司热衷于分拆上市？分拆上市究竟有何魅力？我们可以从公司战略管理角度去理解这个问题，具体表现为以下五个方面（见图 7-9）。

意义一：拓宽融资渠道。由于分拆具有“一种资产，两次使用”的效果，因而被不少公司用于再融资的工具，这对于融资渠道相对单一的中国公司而言有着不小的吸引力。

意义二：股东价值最大化。通过分拆上市，可以使母公司股东迅速获得超额资本利润与投资收益，带来业绩突变，让公司价值得到极大的提高。

意义三：核心业务和投资概念更加清晰。当公司业务越来越广泛时，

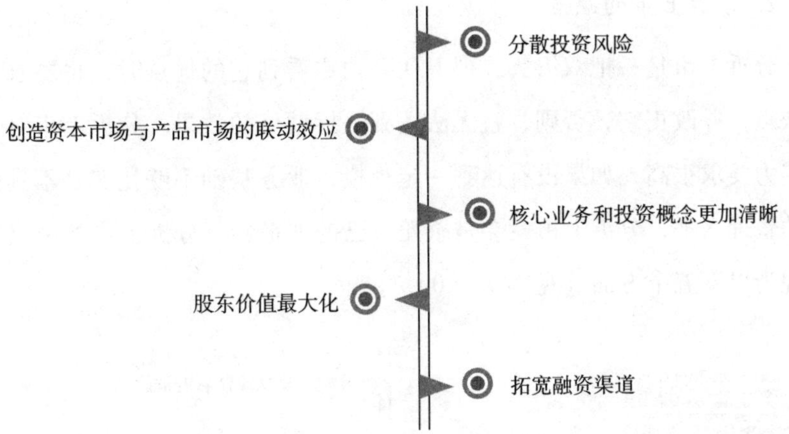

图 7－9　分拆上市的五大战略意义

就难免会存在一些盈利水平与前景高于公司平均水平的战略业务单位，使其潜在价值不能被市场充分体现。资本市场更偏爱业务清晰的公司，这也就是综合性公司市盈率比专业性公司的市盈率低的原因。通过分拆，可以将优质业务单位的经营业绩和盈利能力凸显出来，吸引投资者。

意义四：创造资本市场与产品市场的联动效应。在资本市场分拆上市及配套的推荐路演活动很容易吸引公众与传媒的注意，从而起到先声夺人的作用，有效提高公司知名度。不少跨国公司就是通过分拆上市让其表现优异的国内业务到海外分拆上市，加深海外市场对其业务和产品的了解与认同，迅速建立品牌效应。

意义五：分散投资风险。通过分拆上市，原本属于公司内部的业务单位变为了独立存在的公众公司，从而使其发展风险转移到母公司、新的合作伙伴以及公众投资身上。按照当下的全球分拆上市发展趋势来看，各大公司越来越倾向于对其以风险投资形式参与的高成长项目进行分拆上市，特别是一些高科技行业。

2. 分拆上市的缺点

分拆上市是一把双刃剑，拟 IPO 公司在看到它的优点时，也要看到它的缺点，并改正它，否则，就无法达到一拆就灵的效果。分拆上市对于公司实力要求很高，如果没有达到一定规模，业务基础不够扎实，不具有一流的管理水平，分拆上市就会是杀死自己的那把剑。分拆上市的缺点具体表现为以下五个方面（见图 7 – 10）。

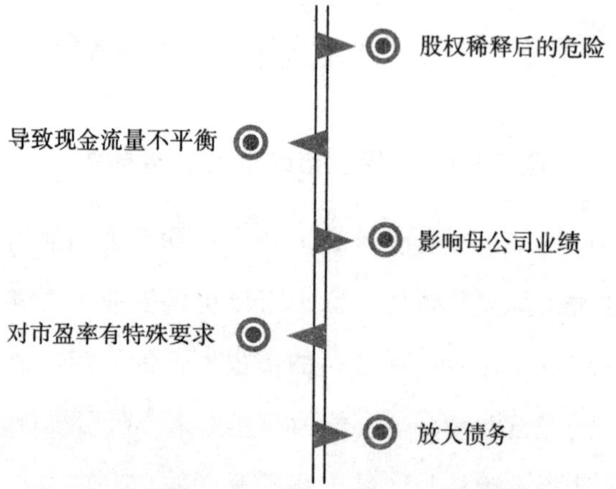

图 7 – 10　分拆上市的五大缺点

缺点一：放大债务。拟 IPO 公司虽然可以通过分拆来达到以少量资产控制大量资产的目的，但也会导致债务被放大。所以，如果拟 IPO 公司只希望通过分拆上市来圈钱，而不注重负债的控制和分拆上市后的经营发展，最终只会作茧自缚。

缺点二：对市盈率有特殊要求。排除基于剥离或逐步退出非核心业务的战略考虑之外，分拆上市后，其分拆业务的市盈率在一段时间内必须比母公司高。否则，分拆上市不仅无法获利，还会成为亏本买卖。

缺点三：影响母公司业绩。对于母公司来说，分拆上市在本质上还是属于资产收缩范围。因此，一定会对母公司的经营业绩造成不小的负面影响。如果母公司业绩一般，分拆优质资产后对母公司的影响可能会更大。

缺点四：导致现金流量不平衡。从实务中，分拆上市后，经常出现母公司与子公司现金流量不平衡的情况，要么“母贵子贫”，要么“母贫子贵”，前者是因为有些公司将分拆视为圈钱工具，不重视子公司的发展；后者则是公司分拆处于发展期的业务单位后，母公司为避免失去控制权而不断投入大量现金和资产。所以，在分拆资产上市时，一定要注意母公司与子公司之间的现金流量平衡问题。

缺点五：股权稀释后的危险。分拆上市必定会造成股权稀释，从而导致被收购的可能性大大增加。因此，如果拟 IPO 公司分拆这些业务单位是将其视为公司未来赖以发展的基石，那就应该早做准备，避免股权稀释后的收购威胁。

第 8 章
IPO 流程：饭要一口口吃，路要一步步走

正所谓“细节决定成败”，不要小看对 IPO 流程的精准掌握，从公司改制、上市前辅导、发行前筹备、申请核准、询价推介，再到股票上市，任何一个环节的疏忽都会对 IPO 的结果产生巨大的影响。

8.1 第一阶段——成立股份公司

公司进行IPO的第一个阶段就是把自己从责任有限公司变更为股份有限公司，设立股份有限公司也是证监会对公司IPO的第一个基本条件。

《公司法》对股份有限公司的设立做出了以下的规定：

第七十六条　设立股份有限公司，应当具备下列条件：

（一）发起人符合法定人数；

（二）有符合公司章程规定的全体发起人认购的股本总额或者募集的实收股本总额；

（三）股份发行、筹办事项符合法律规定；

（四）发起人制订公司章程，采用募集方式设立的经创立大会通过；

（五）有公司名称，建立符合股份有限公司要求的组织机构；

（六）有公司住所。

第七十七条　股份有限公司的设立，可以采取发起设立或者募集设立的方式。

发起设立，是指由发起人认购公司应发行的全部股份而设立公司。

募集设立，是指由发起人认购公司应发行股份的一部分，其余股份向社会公开募集或者向特定对象募集而设立公司。

第七十八条　设立股份有限公司，应当有二人以上二百人以下为发起人，其中须有半数以上的发起人在中国境内有住所。

第七十九条　股份有限公司发起人承担公司筹办事务。

发起人应当签订发起人协议，明确各自在公司设立过程中的权利和义务。

第八十条　股份有限公司采取发起设立方式设立的，注册资本为公司在登记机关登记的全体发起人认购的股本总额。在发起人认购的股份缴足前，不得向他人募集股份。

股份有限公司采取募集方式设立的，注册资本为公司在登记机关登记的实收股本总额。

法律、行政法规以及国务院决定对股份有限公司注册资本实缴、注册资本最低限额另有规定的，从其规定。

第八十一条　股份有限公司章程应当载明下列事项：

（一）公司名称和住所；

（二）公司经营范围；

（三）公司设立方式；

（四）公司股份总数、每股金额和注册资本；

（五）发起人的姓名或者名称、认购的股份数、出资方式和出资时间；

（六）董事会的组成、职权和议事规则；

（七）公司法定代表人；

（八）监事会的组成、职权和议事规则；

（九）公司利润分配办法；

（十）公司的解散事由与清算办法；

（十一）公司的通知和公告办法；

（十二）股东大会会议认为需要规定的其他事项。

第八十二条　发起人的出资方式，适用本法第二十七条的规定。

第八十三条　以发起设立方式设立股份有限公司的，发起人应当书面认足公司章程规定其认购的股份，并按照公司章程规定缴纳出资。以非货币财产出资的，应当依法办理其财产权的转移手续。

发起人不依照前款规定缴纳出资的，应当按照发起人协议承担违约责任。

发起人认足公司章程规定的出资后，应当选举董事会和监事会，由董事会向公司登记机关报送公司章程以及法律、行政法规规定的其他文件，申请设立登记。

第八十四条　以募集设立方式设立股份有限公司的，发起人认购的股份不得少于公司股份总数的百分之三十五；但是，法律、行政法规另有规定的，从其规定。

第八十五条　发起人向社会公开募集股份，必须公告招股说明书，并制作认股书。认股书应当载明本法第八十七条所列事项，由认股人填写认购股数、金额、住所，并签名、盖章。认股人按照所认购股数缴纳股款。

第八十六条　招股说明书应当附有发起人制订的公司章程，并载明下列事项：

（一）发起人认购的股份数；

（二）每股的票面金额和发行价格；

（三）无记名股票的发行总数；

（四）募集资金的用途；

（五）认股人的权利、义务；

（六）本次募股的起止期限及逾期未募足时认股人可以撤回所认股份的说明。

第八十七条　发起人向社会公开募集股份，应当由依法设立的证券公司承销，签订承销协议。

第八十八条　发起人向社会公开募集股份，应当同银行签订代收股款协议。

代收股款的银行应当按照协议代收和保存股款，向缴纳股款的认股人出具收款单据，并负有向有关部门出具收款证明的义务。

第八十九条　发行股份的股款缴足后，必须经依法设立的验资机构验资并出具证明。发起人应当自股款缴足之日起三十日内主持召开公司创立大会。创立大会由发起人、认股人组成。

发行的股份超过招股说明书规定的截止期限尚未募足的，或者发行股份的股款缴足后，发起人在三十日内未召开创立大会的，认股人可以按照所缴股款并加算银行同期存款利息，要求发起人返还。

第九十条　发起人应当在创立大会召开十五日前将会议日期通知各认股人或者予以公告。创立大会应有代表股份总数过半数的发起人、认股人出席，方可举行。

创立大会行使下列职权：

（一）审议发起人关于公司筹办情况的报告；

（二）通过公司章程；

（三）选举董事会成员；

（四）选举监事会成员；

（五）对公司的设立费用进行审核；

（六）对发起人用于抵作股款的财产的作价进行审核；

（七）发生不可抗力或者经营条件发生重大变化直接影响公司设立的，可以做出不设立公司的决议。

创立大会对前款所列事项做出决议，必须经出席会议的认股人所持表决权过半数通过。

第九十一条　发起人、认股人缴纳股款或者交付抵作股款的出资后，除未按期募足股份、发起人未按期召开创立大会或者创立大会决议不设立公司的情形外，不得抽回其股本。

第九十二条　董事会应于创立大会结束后三十日内，向公司登记机关报送下列文件，申请设立登记：

（一）公司登记申请书；

（二）创立大会的会议记录；

（三）公司章程；

（四）验资证明；

（五）法定代表人、董事、监事的任职文件及其身份证明；

（六）发起人的法人资格证明或者自然人身份证明；

（七）公司住所证明。

以募集方式设立股份有限公司公开发行股票的，还应当向公司登记机关报送国务院证券监督管理机构的核准文件。

第九十三条　股份有限公司成立后，发起人未按照公司章程的规定缴足出资的，应当补缴；其他发起人承担连带责任。

股份有限公司成立后，发现作为设立公司出资的非货币财产的实际价额显著低于公司章程所定价额的，应当由交付该出资的发起人补足其差额；其他发起人承担连带责任。

第九十四条　股份有限公司的发起人应当承担下列责任：

（一）公司不能成立时，对设立行为所产生的债务和费用负连带责任；

（二）公司不能成立时，对认股人已缴纳的股款，负返还股款并加算银行同期存款利息的连带责任；

（三）在公司设立过程中，由于发起人的过失致使公司利益受到损害的，应当对公司承担赔偿责任。

第九十五条　有限责任公司变更为股份有限公司时，折合的实收股本总额不得高于公司净资产额。有限责任公司变更为股份有限公司，为增加资本公开发行股份时，应当依法办理。

第九十六条　股份有限公司应当将公司章程、股东名册、公司债券存根、股东大会会议记录、董事会会议记录、监事会会议记录、财务会计报告置备于本公司。

第九十七条　股东有权查阅公司章程、股东名册、公司债券存根、股东大会会议记录、董事会会议决议、监事会会议决议、财务会计报告，对公司的经营提出建议或者质询。

8.2 第二阶段——IPO 前辅导

IPO 的第二阶段就是辅导，《首次公开发行股票辅导工作办法》规定："凡拟在中华人民共和国境内首次公开发行股票的股份有限公司（以下称"辅导对象"），在提出首次公开发行股票申请前，应按本办法的规定聘请辅导机构进行辅导"。

证监会要求公司在 IPO 前接受辅导的目的包含如下："一是促进辅导对象建立良好的公司治理；二是形成独立运营和持续发展的能力；三是督促公司的董事、监事、高级管理人员全面理解发行上市有关法律法规、证券市场规范运作和信息披露的要求；四是树立进入证券市场的诚信意识、法制意识；五是具备进入证券市场的基本条件。"

8.2.1 辅导机构与辅导人员

《首次公开发行股票辅导工作办法》对公司聘请的辅导机构与辅导人员做了以下要求：

第一，辅导机构应是具有主承销商资格的证券机构以及其他经有关部门认定的机构。

第二，辅导机构应当针对每一个辅导对象组成专门的辅导工作小组。

辅导工作小组应明确固定的组长，组长应具有综合协调能力。

第三，拟IPO公司聘请的会计师事务所、律师事务所的执业人员应在辅导机构的协调下参与辅导工作，辅导机构也可根据需要另行聘请执业会计师、律师等参与辅导。

第四，辅导机构至少应有三名固定人员参与辅导工作小组。其中至少有一人具有担任过首次公开发行股票主承销工作项目负责人的经验。同一人员不得同时担任四家以上企业的辅导工作。

第五，辅导人员应具备有关法律、会计等必备的专业知识和技能，有较强的敬业精神。

第六，辅导机构应制定对辅导工作和辅导人员考核的内部管理办法，中国证监会及其派出机构可以进行抽查。

第七，辅导人员应调动辅导机构及参与的有关中介机构的系统资源和条件，确保达到辅导效果。

第八，辅导工作应具有连续性，如辅导人员发生变更，应办妥交接手续，并应于变更之后五个工作日内向派出机构书面备案，说明变更原因。

第九，辅导人员及辅导机构的其他有关人员应当依法履行保密义务，在相关信息披露前，保守辅导对象的商业秘密。

第十，辅导对象依法自主选择辅导机构，中国证监会及派出机构、其他任何部门不得代替。

第十一，辅导机构可以是辅导对象提出发行上市申请的推荐人或保荐人。

第十二，如推荐人或保荐人未参与辅导，应对原辅导机构及其工作进行复核，并在推荐函中明确发表意见。

8.2.2 签订辅导协议

拟IPO公司应与辅导机构签订辅导协议，甚至可以签订专门的保密协议。签订辅导协议需要符合《首次公开发行股票辅导工作办法》的要求：

第一个要求：辅导协议需要包含十一个内容，见图8－1。

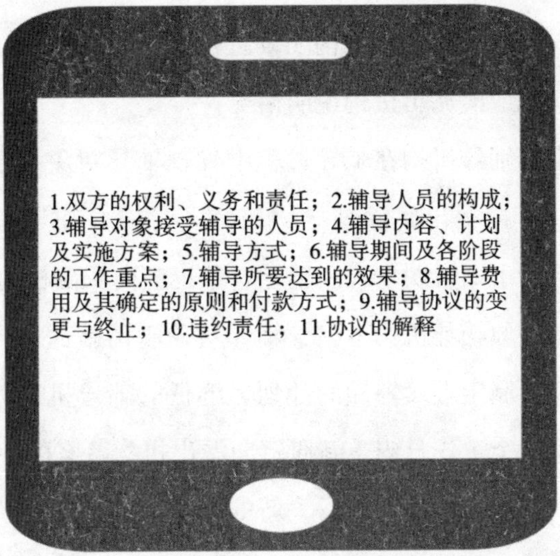

图8－1　辅导协议应包含的内容

第二个要求：应当明确规定在辅导期间辅导机构以何种方式跟踪了解辅导对象的规范运作情况。如辅导机构应以何种方式知悉有关股东大会、董事会议及其他有关会议的情况，以何种方式取得辅导对象有关文件资料等内容。

第三个要求：应当明确约定最低的现场辅导时间和授课次数，其中集中授课时间应不少于20个小时，集中授课次数应不少于6次。

第四个要求：应当明确在辅导期间辅导对象与辅导人员之间的信息沟通和交流方式。

第五个要求：应规定辅导双方均不得以保证公司股票发行上市为前提条件。

第六个要求：辅导协议一经签定，原则上不得解除。如有特殊原因确需在辅导期间解除辅导协议的，辅导机构和辅导对象均有义务及时向派出机构说明理由。

第七个要求：辅导对象对辅导机构未履行勤勉尽责义务的，可以提出解除辅导协议，同时应向辅导机构明确提出意见，并向派出机构书面说明情况。辅导机构也应向派出机构说明情况。

第八个要求：辅导机构在辅导过程中发现辅导对象存在重大法律障碍或风险隐患的，可以提出解除辅导协议，同时应向辅导对象明确提出意见，并向派出机构书面说明情况。辅导对象也应向派出机构说明情况。

第九个要求：原辅导机构退出、辅导对象聘请新的辅导机构的，应重新签订辅导协议，制定继续辅导的计划。继任的辅导机构和辅导对象应自新的协议签订后五个工作日内重新履行向派出机构备案的手续。

第十个要求：辅导机构变更后，新的辅导机构向派出机构明确表示认可前任的辅导工作，承担前任的辅导责任，并承诺按本办法规定的义务在派出机构监管下完成辅导工作的，辅导期可以连续计算。但继任的辅导机构须自前任辅导机构退出辅导之日且新的辅导协议订立之日起至少再辅导半年，其中集中授课时间应不少于 10 个小时，集中授课次数应不少于 3 次。

第十一个要求：有下列情形之一的，不得连续计算辅导时间，见图 8－2。

8.2.3 辅导内容与实施方案

辅导机构需根据《首次公开发行股票辅导工作办法》的规定，同时与有关法律、法规和规则，以及上市公司的必备知识相结合，针对拟 IPO 公司的具体情况和实际需求，确定辅导的具体内容，制定辅导计划及实施方案，以确信拟 IPO 公司具备进入证券市场的基本条件。因此，辅导机构需要做到以下十六个方面的工作：

（1）应督促公司的董事（包括独立董事）、监事、高级管理人员及持

图8-2 不得连续计算辅导时间的六大情形

有5%以上（含5%）股份的股东（或其法定代表人）进行全面地法规知识学习或培训，聘请机构内部或外部的专业人员进行必要地授课，确信其理解发行上市有关法律、法规和规则，理解作为公众公司规范运作、信息披露和履行承诺等方面的责任和义务。

（2）应通过辅导督促辅导对象按照有关规定初步建立符合现代企业制度要求的公司治理基础，促进辅导对象的董事、监事和高级管理人员以及持有5%以上（含5%）股份的股东（或其法定代表人）增强法制观念和诚信意识。

（3）应核查辅导对象在公司设立、改制重组、股权设置和转让、增资扩股、资产评估、资本验证等方面是否合法、有效，产权关系是否明晰，股权结构是否符合有关规定。

（4）应督促辅导对象实现独立运营，做到业务、资产、人员、财务、机构独立完整，主营业务突出，形成核心竞争力。

（5）应核查辅导对象是否按规定妥善处置了商标、专利、土地、房屋等的法律权属问题。

（6）应督促规范辅导对象与控股股东及其他关联方的关系。

（7）应督促辅导对象建立和完善规范的内部决策和控制制度，形成有效的财务、投资以及内部约束和激励制度。

（8）应督促辅导对象建立健全公司财务会计管理体系，杜绝会计虚假。

（9）应督促辅导对象形成明确的业务发展目标和未来发展计划，并制定可行的募股资金投向及其他投资项目的规划。

（10）应针对辅导对象的具体情况确定书面考试的内容，并接受中国证监会及其派出机构的监督。

（11）对辅导对象是否达到发行上市条件进行综合评估，协助辅导对象开展首次公开发行股票的准备工作。

（12）可组织辅导对象协商确定不同阶段的辅导重点及实施手段。辅导前期重点可以是摸底调查，全面形成具体的辅导方案并开始实施。辅导中期重点在于集中学习和培训，诊断问题并加以解决。辅导后期重点在于完成辅导计划，进行考核评估，做好首次公开发行股票申请文件的准备工作。

（13）可采取灵活有效的辅导方式，可包括组织自学、进行集中授课与考试、问题诊断与专业咨询、中介机构协调会、经验交流会、案例分析等。

（14）进行辅导工作应有配合辅导内容和形式的必要辅导教程。

（15）在辅导过程中应将有关资料及重要情况汇总，建立“辅导工作底稿”，存档备查。辅导工作底稿的存档时间不少于五年。

（16）辅导工作底稿的内容应至少包括图8－3内容。

图 8 –3　辅导工作底稿需包含的内容

8.3 第三阶段——股票发行筹备

IPO的第三个阶段，就是股票发行的筹备工作。股票发行的筹备工作内容包括以下四个方面：一是发行目的；二是发行规模；三是草拟招股书；四是准备法律与会计文件。

8.3.1 确定发行目的

拟IPO公司在发行股票前，首先要确定此举的目的。一般来说，发行股票的目的不外乎以下四种，见图8-4。

8.3.2 确定发行数量

股票发行数量过低，筹资资金不足，就无法达到公司的筹资目的，影响公司正常经营与项目进展；股票发行数量过大，则会导致资金闲置与浪费，不仅增加利息支出，加重债务负担，也会影响资金的使用效果。所以，确定一个合理又经济的股票发行数量是一个非常重要的问题。那么，拟IPO公司如何确定股票发行的数量呢？

1. 根据法规确定发行数量

拟IPO公司确定公开发行股票的数量依法应遵循以下三点：

（1）公开发行。发起人认购股本数额不少于拟发行股本总额的35%，

图 8－4　发行股票的目的

认购数额不少于人民币 3000 万元；向社会公众发行部分不少于拟发行股本总额的 25%；公司职工认购的股本数额不超过向社会公众发行股本数额的 10%。其中并未规定公司公开发行的总数量，则应由公司根据公司规模和融资规模自行确定，报中国证监会审核批准。

（2）配股发行。一次配股发行股份总数，不得超过前一次发行并募足股份后普通股总数的 30%。原有股东按比例认购配售股份。

（3）增资发行。除应符合首次发行所需要的条件外，还需要符合以下条件，见图 8－5。

2. 决定具体股票发行量的因素

通常来说，拟 IPO 公司的股票发行量是由公司改为股份公司时的有形资产与无形资产的估值总额，按每股一元来确定。但是具体的股票发行量则是由以下三个因素来共同决定的，见图 8－6。

8.3.3 草拟招股书

此时，拟 IPO 公司需要确定招股书的基本内容，也就是草拟一份招股书。招股说明书是股份有限公司发行股票时，就发行中的相关信息对外做出披露，并不是向特定投资人提出购买或销售其他股票的要约邀请性

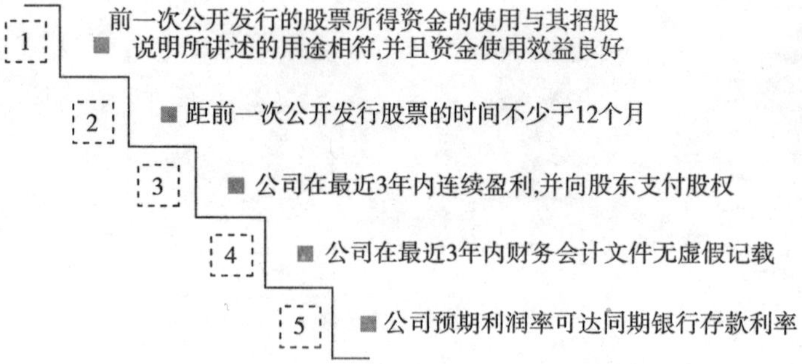

图8－5　增资发行需另外符合的五大条件

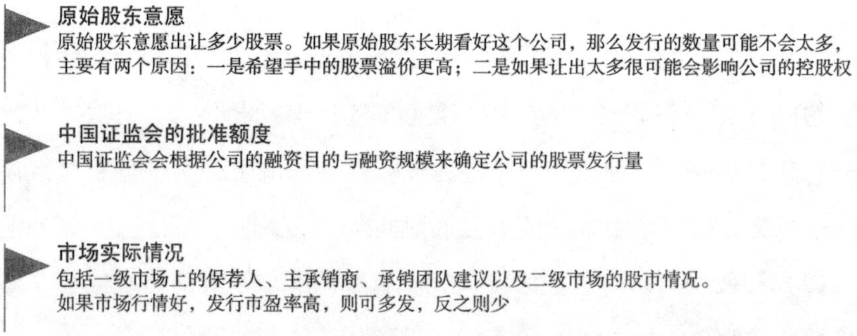

图8－6　具体股票发行量的三个决定因素

文件。

《公司法》第八十五条规定：发起人向社会公开募集股份，必须公告招股说明书，并制作认股书。认股书应当载明本法第八十六条所列事项，由认股人填写认购股数、金额、住所，并签名、盖章。认股人按照所认购股数缴纳股款。

第八十六条　招股说明书应当附有发起人制订的公司章程，并载明下列事项：发起人认购的股份数；每股的票面金额和发行价格；无记名股票的发行总数；募集资金的用途；认股人的权利、义务；本次募股的起止期限及逾期未募足时认股人可以撤回所认股份的说明。

8.3.4 准备相关文件

根据中国证券监督管理委员会发布的《公开发行证券公司信息披露内容与格式准则——首次公开发行股票申请文件》，首次公开发行股票需要准备以下文件。

1. 要求在指定报刊与网站披露的文件

包括：招股说明书及发行公告1-1招股说明书（申报稿）、附录一审计报告及财务报告全文、附录二发行人编制的盈利预测报告及注册会计师的盈利预测审核报告（如有）、招股说明书摘要（申报稿）、发行公告（发行审核委员会审核前提供）。

2. 不要求在指定报刊及网站披露的文件

（1）主承销商推荐文件：主承销商出具的“关于XXX股份有限公司首次申请公开发行股票的推荐函”（推荐函后附《发行人基本情况表》）；主承销商出具的“关于XXX股份有限公司首次申请公开发行股票申请文件的核查意见”；报中国证监会派出机构备案的主承销商“股票发行上市辅导汇总报告”。

（2）发行人律师的意见：法律意见书、律师工作报告。

（3）发行申请及授权文件，见图8-7。

（4）募集资金运用的有关文件：本次募集资金运用方案及股东大会的决议、有权部门对固定资产投资项目建议书的批准文件（如需要立项批文）、发行人全体董事签字的募集资金运用项目的可行性研究报告（如有个别董事不同意或弃权，应说明原因并加盖公司印章）。

（5）股份有限公司的设立文件及章程（见图8-8）。

（7）发行方案及发行定价分析报告：需在发行审核委员会审核前提供，包括发行方案与股票发行定价分析报告。

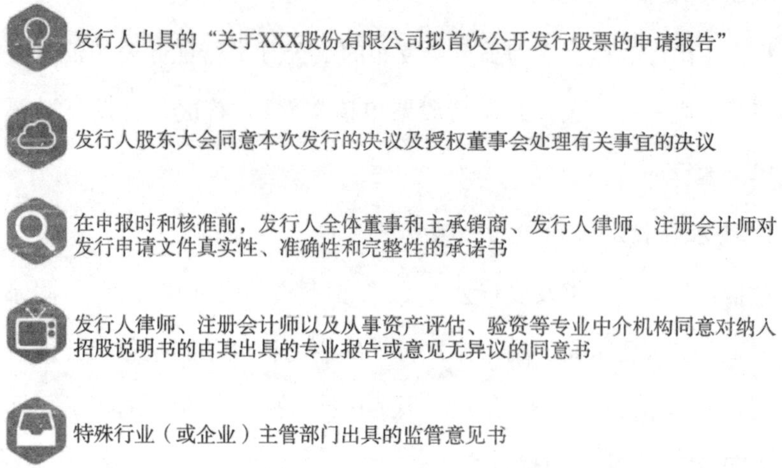

图8-7 发行申请及授权需准备的文件

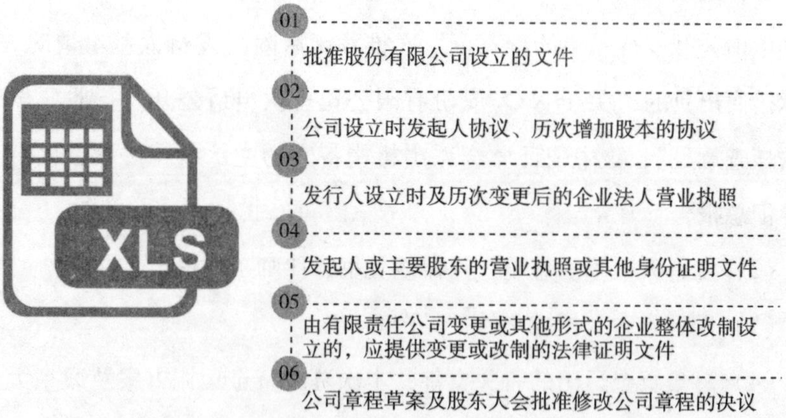

图8-8 股份有限公司的设立需准备的六大文件与章程

3. 其他相关文件

包括发行人关于改制和重组方案的说明；发行人关于重大资产变化情况的说明；发行人关于设立时股权设置及历次股权变更情况的说明，发行人关于在业务、资产、人员、财务、机构方面的独立情况的说明，主要商标、土地使用权证书、发行人与股东在非经营性资产、离退休人员剥离方面的协议，其他服务协议，发行人关于近三年及最近的主要决策有效性的相关文件，发行人创立大会会议记录、历次股东大会决议、发行人成立以来有关股本发行与增减、投资项目决策、股利分配、收购兼并等重大事项的董事会决议等文件，发行人关于同业竞争情况的说明，发行人关于消除或避免同业竞争的有关协议或承诺，发行人关于近三年及最近一期的重大关联交易的说明，发行人内部关联交易的决策制度、关联交易决策的记录，有关重大关联交易的合同，发行人关于其业务及募股资金拟投资项目符合环境保护要求的说明，污染比较重的企业应附省级环保部门的确认文件，发行人关于技术含量及技术创新能力的依据，发行人所拥有的专利及其他知识产权证书或相关许可协议，发行人有关获奖证书、专家评审意见，发行人关于近三年及最近一期的纳税情况的说明，发行人各年度纳税申报表及完税证明，有关发行人税收、财政补贴优惠政策的证明文件，发行人的土地使用权、房屋产权权属证书或相关租赁协议，涉及政府特许经营的发行人提供的政府特许经营证书，发行人的重大商务合同，设立不满三年的股份有限公司（包括整体改制设立、有限责任公司变更设立以及其他方式改制设立的股份有限公司）需报送的财务资料，最近三年原企业或股份公司的原始财务报告、原始财务报告与申报财务报告的差异比较表，申报注册会计师对差异情况出具的意见，设立已满三年的股份有限公司（含定向募集公司）需报送的财务资料，最近三年原始财务报告、原始财务报告与申报财务报告的差异比较表，申报注册会计师对差异情况出具的意见，发行人的历次资产评估报告（含土地评估报告），发行人的历次验资报告，主承销商和发行人签定的承销协议及补充协议；主承销商、其他承销团成员、签字律师、会计师、评估师及其所在机构的证券从业资格证书复印件，该复印件需由该机构盖章确认并说明用途（其中签字律师及其所在机构还需提供通过年检的执业证书复印件，该复印件需由所属司法局盖章确认并说明用途）。

4. 定向募集公司还应提供的文件

包括：发行人关于最近一次募股资金使用情况的说明；发行人关于内部职工股发行和演变情况的说明、有关历次发行内部职工股批准文件、有关内部职工股发行、过户登记的证明文件；托管机构出具的历次托管证明，有关违规清理情况的文件，律师对上述文件的鉴证意见；省级人民政府或国务院有关部门关于发行人内部职工股批准、发行、托管、清理以及是否存在潜在隐患等情况的确认文件，中介机构的意见，发行人律师关于发行人内部职工股发行及演变情况的核查意见，主承销商关于发行人内部职工股发行及演变情况的核查意见。

8.4 第四阶段——申请核准

IPO 的第四个阶段就是“申请核准”，在这个阶段，主板与创业板有明显的不同。拟 IPO 公司需对两者的差异有充分的了解。

8.4.1 主板核准程序

主板首次公开发行股票的核准程序主要有六大步骤（见图 8－9）。

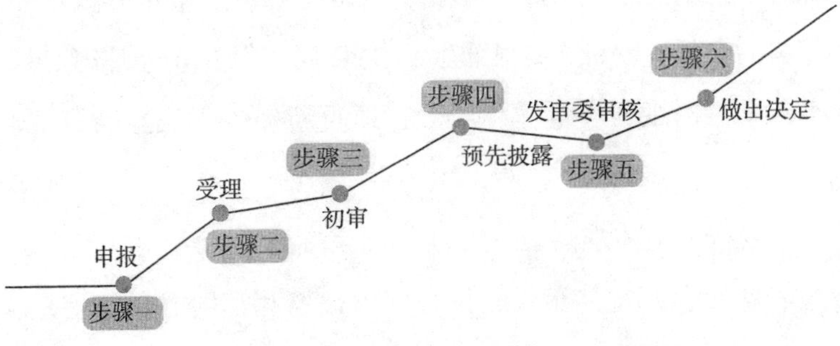

图 8－9　主板核准六大步骤

步骤一：申报。发行人应当按照中国证监会的有关规定制作申请文件，由保荐人保荐并向中国证监会申报。特定行业的发行人应当提供管理部门的相关意见。

步骤二：受理。相关部门收到申请文件后，在5个工作日就会做出是否受理的决定。

步骤三：初审。受理后，由相关职能部门对发行人的申请文件进行初步审核。在此过程中，将征求发行人注册地省级人民政府是否同意发行人发行股票的意见，并根据发行人的募集资金投资项目是否与国家产业政策以及投资管理的规定相一致，向国家发改委征求意见。

步骤四：预先披露。按照《证券法》第二十一条规定："发行人申请首次公开发行股票的，在提交申请文件后，应当按照国务院证券监督管理机构的规定预先披露有关申请文件"。所以，在申请被受理后，发审委审核之前，发行人就要把招股说明书在中国证监会网站做预先披露。发行人也可以把招股说明书在其他公司网站进行刊登，但两者内容需要完全一致，时间不能早于在中国证监会披露的时间。

步骤五：发审委审核。相关职能部门对发行人的申请文件初审完成后，由发审委组织发审委会议进行审核。

步骤六：做出决定。中国证监会按照相关规定做出是否核准的决定，并出示相关的文件。发行人自核准发行之日起，需在6个月内发行股票；超过6个月未发行的，核准文件失效，须重新经中国证监会核准后方可发行。

此外，发行申请核准后、股票发行结束前，发行人发生重大事项的，应当暂缓或者暂停发行，并及时报告中国证监会，同时履行信息披露义务。影响发行条件的，应当重新履行核准程序。股票发行申请未获核准的，自中国证监会作出不予核准决定之日起6个月后，发行人可再次提出股票发行申请。

8.4.2 创业板核准程序

根据《首次公开发行股票并在创业板上市管理暂行办法》相关规定，

在创业板首次公开发行股票的核准程序的步骤如下：

步骤一：发行人董事会应当依法就本次股票发行的具体方案、本次募集资金使用的可行性及其他必须明确的事项做出决议，并提请股东大会批准。

步骤二：发行人股东大会应当就本次发行股票做出决议，决议至少应当包括下列事项，见图8－10。

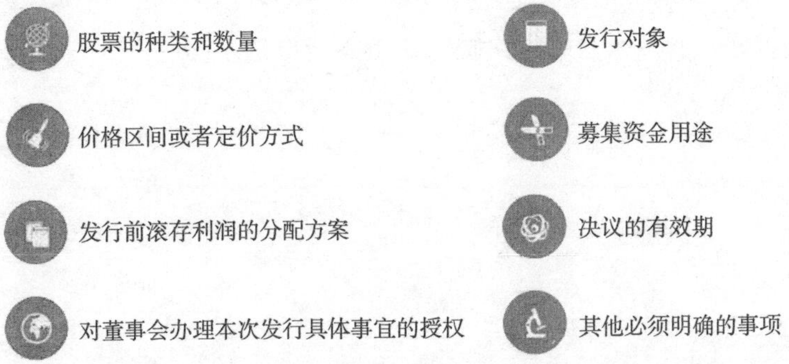

图8－10　决议应包含的八大事项

步骤三：发行人应当按照中国证监会有关规定制作申请文件，由保荐人保荐并向中国证监会申报。

步骤四：保荐人保荐发行人发行股票并在创业板上市，应当对发行人的成长性进行尽职调查和审慎判断并出具专项意见。发行人为自主创新企业的，还应当在专项意见中说明发行人的自主创新能力。

步骤五：中国证监会收到申请文件后，在五个工作日内做出是否受理的决定。

步骤六：中国证监会受理申请文件后，由相关职能部门对发行人的申请文件进行初审，并由创业板发行审核委员会审核。

步骤七：中国证监会依法对发行人的发行申请做出予以核准或者不予核准的决定，并出具相关文件。

步骤八：发行人应当自中国证监会核准之日起六个月内发行股票；超过六个月未发行的，核准文件失效，须重新经中国证监会核准后方可发行。

步骤九：发行申请核准后至股票发行结束前发生重大事项的，发行人应当暂缓或者暂停发行，并及时报告中国证监会，同时履行信息披露义务。出现不符合发行条件事项的，中国证监会撤回核准决定。

步骤十：股票发行申请未获核准的，发行人可自中国证监会做出不予核准决定之日起六个月后再次提出股票发行申请。

8.5 第五阶段——询价推介

当通过审核后，就进入了 IPO 的第五个阶段，也就是股票的询价推介。公司 IPO 后能获得多少融资额，关键就看这一阶段的询价推介的工作完成得如何。

8.5.1 路演推介

路演是股票承销商帮助发行人安排的发行前的调研活动。一般来讲，承销商先选择选定地点与投资者，然后，带领发行人逐个地点去召开会议，介绍发行人的情况，了解投资人的投资意向。有时，会计师、投资顾问、基金经理人也会参加这一活动。承销商和发行人通过路演，可以比较客观地决定发行量、发行价及发行时机。因此，做好路演工作就至关重要。至于如何做好路演，在第 9 章会详细介绍。

8.5.2 询价

《证券发行与承销管理办法》规定："发行人及其保荐人应通过询价的方式确定股票价格"。IPO 询价的询价制度是指发行人及其保荐机构应该采取向机构投资者累计投标询价的方式来确定发行价格。股票最终价格的确定需要建立在主承销商对发行人所处的行业、竞争实力、发展前景进行充分地分析之上，然后选取拟 IPO 公司的若干指标，通过模型计算出公司价值，然后再结合二级市场情况，与公司协调后确定价格区间。询价区间的上限不得高于区间下限的 20%。

如华电的发行价格区间确定为 2．3 元/股~2．52 元/股，按照华电国际 2003 年扣除非经常性损益的净利润，除以本次发行后总股本得出的每股收益计算，该价格区间对应的市盈率为 13．5 倍至 14．8 倍。

1．询价对象

《证券发行与承销管理办法》对询价对象做了明确的规定：

询价对象是指符合本办法规定条件的证券投资基金管理公司、证券公司、信托投资公司、财务公司、保险机构投资者、合格境外机构投资者，以及经中国证监会认可的其他机构投资者。询价对象及其管理的证券投资产品（以下称股票配售对象）应当在中国证券业协会登记备案，接受中国证券业协会的自律管理。询价对象应当符合下列条件，见图 8－11。

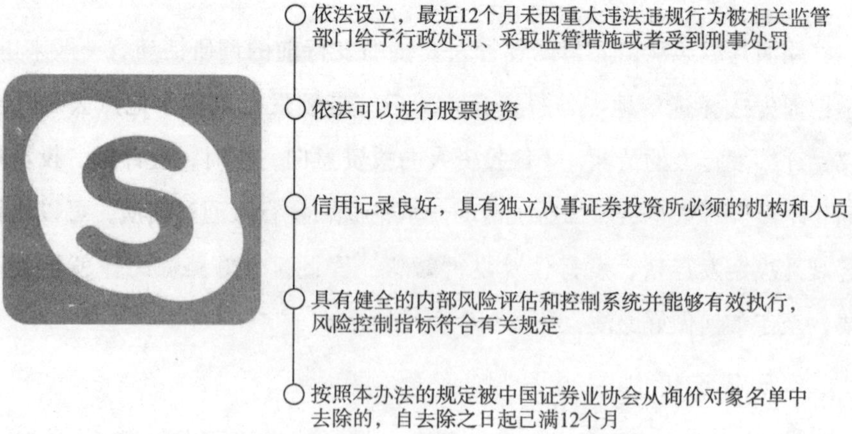

图 8－11　询价对象需符合的五大条件

下列机构投资者作为询价对象除应当符合第七条规定的条件外，还应当符合下列条件，见图 8－12。

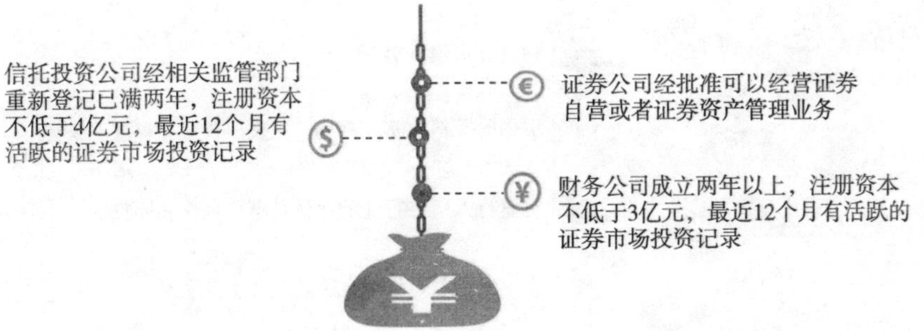

图8－12　对证券、信托、财务公司等询价对象的特殊要求

2. 提供投资价值研究报告

根据《证券发行与承销管理办法》规定：

主承销商应当在询价时向询价对象提供投资价值研究报告。发行人、主承销商和询价对象不得以任何形式公开披露投资价值研究报告的内容。投资价值研究报告应当由承销商的研究人员独立撰写并署名，承销商不得提供承销团队以外的机构撰写的投资价值研究报告。出具投资价值研究报告的承销商应当建立完善的投资价值研究报告质量控制制度，撰写投资价值研究报告的人员应当遵守证券公司内部控制制度。撰写投资价值研究报告应当遵守下列要求，见图8－13。

投资价值研究报告应当对影响发行人投资价值的因素进行全面分析，至少包括下列内容（见图8－14）。投资价值研究报告应当在上述分析的基础上，运用行业公认的估值方法对发行人股票的合理投资价值进行预测。

3. 询价另行规定

根据《证券发行与承销管理办法》规定：

询价对象可以自主决定是否参与初步询价，询价对象申请参与初步询价的，主承销商无正当理由不得拒绝。未参与初步询价或者参与初步询价但未有效报价的询价对象，不得参与累计投标询价和网下配售。

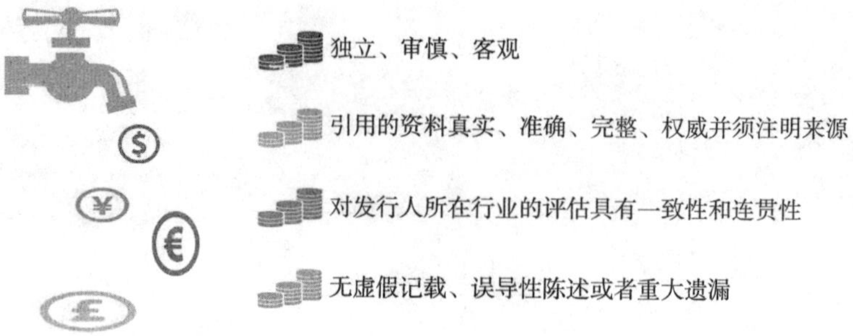

图 8－13　撰写投资价值研究报告应遵守的四大要求

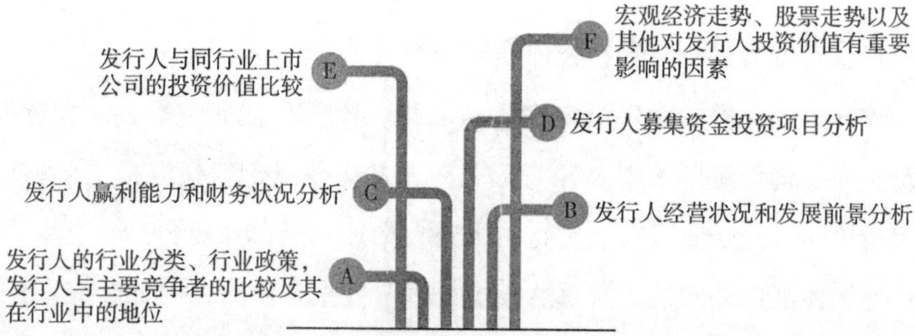

图 8－14　影响投资价值因素分析的六大内容

询价结束后，公开发行股票数量在 4 亿股以下，提供有效报价的询价对象不足 20 家的，或者公开发行股票数量在 4 亿股以上，提供有效报价的询价对象不足 50 家的，发行人及其主承销商不得确定发行价格，并应当中止发行。

主承销商的证券自营账户不得参与本次发行股票的询价、网下配售和网上发行。与发行人或其主承销商具有实际控制关系的询价对象，不得参与本次发行股票的询价、网下配售，可以参与网上发行。

初步询价期间，每一个询价对象可以为其管理的每一个配售对象填报多个拟申购价格，每拟申购价格对应一个拟申购数量。主承销商可实时查询有关报价情况。在初步询价截止后，主承销商从申购平台获取初步询价的报价情况。配售对象在初步询价阶段填写的多个拟申报价格，如全部落在主承销商确定的发行价格区间下限之下，该配售对象不得进入累计投标询价阶段进行新股申购；如其中一个或一个以上报价落在主承销商确定的发行价格区间上限之上，该配售对象可以进入累计投标询价阶段申购新股。

累计投标询价报价阶段，询价对象管理的每一个配售对象可以多次申报，一经申报不得撤销或修改。

8.5.3 定价

股票发行的价格受市场机制的影响，取决于公司的投资价值与供求关系的变化。所以，在结束询价后，拟 IPO 公司就需要确定最终的股票价格。

1. 价格方式

当公司计划发行股票时，就需要根据不同情况，确定一个发行价格以推销股票。一般来说，股票价格发行有四种，见图 8－15。

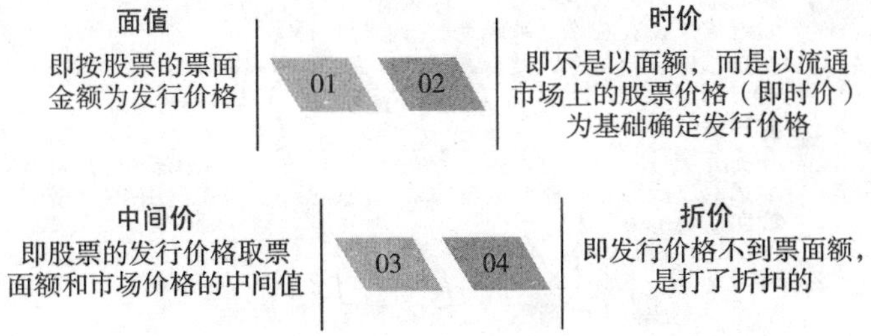

图 8－15　股票发行价格的四种方式

2. 股票定价的具体运用方式

股票定价的具体运用方式，一般来说可以采取以下几种。

方式一：累计投标法。采用累计投标法，让机构投资者参与确定发行价格。让投资银行先与发行人商定一个定价区间，然后在招股说明书和分析报告完成之后，再向其客户（主要是机构，如基金等）介绍发行公司的情况及股价定位，由此逐步积累定单，从中发现不同价格下的需求量。路演结束后，投资银行就据此确定价格区间。价格确定后，投资银行在发行时把新股按确定的价格先配售给已订购的大机构，再留出一定比例向公众发售。

方式二：议价法。由股票发行人与主承销商协商确定发行价格。发行人和主承销商会结合二级市场股票价格的高低、市场利率水平、发行公司的未来发展前景、发行公司的风险水平和市场对新股的需求状况等因素来确定股票价格。

方式三：竞价法。由各股票承销商或者投资者以投标方式相互竞争确定股票发行价格。具体实施中有三种形式，见图 8－16。

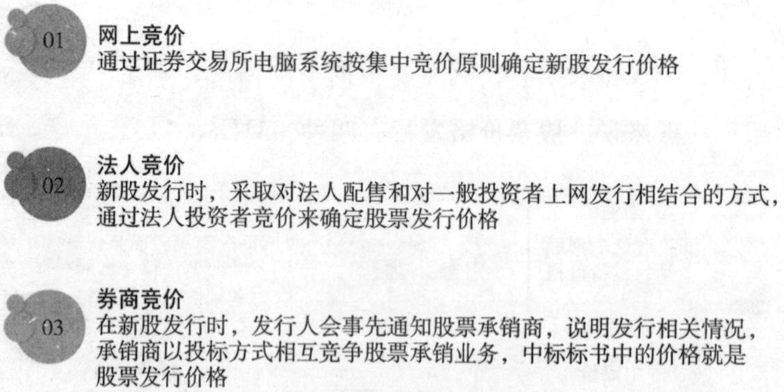

图 8－16　竞价法的三种方式

8.6 第六阶段——股票上市

当完成询价、定价、路演推介后，公司就可正式发行股票。这个阶段，拟IPO公司需要对股票配售、证券承销、股票发行方式确定、超额配售选择权有充分的了解，并执行。

8.6.1 股票配售

根据《证券发行与承销管理办法》，股票的配售需要符合以下规定：

规定一：首次公开发行股票，可以通过向网下投资者询价的方式确定股票发行价格，也可以通过发行人与主承销商自主协商直接定价等其他合法可行的方式确定发行价格。发行人和主承销商应当在招股意向书（或招股说明书，下同）和发行公告中披露本次发行股票的定价方式。上市公司发行证券的定价，应当符合中国证监会关于上市公司证券发行的有关规定。

规定二：首次公开发行股票采用询价方式定价的，符合条件的网下机构和个人投资者可以自主决定是否报价，主承销商无正当理由不得拒绝。网下投资者应当遵循独立、客观、诚信的原则合理报价，不得协商报价或者故意压低、抬高价格。

网下投资者报价应当包含每股价格和该价格对应的拟申购股数。单个投资者报价多于一个的，主承销商应当依据相关规则在发行公告中对其最高报价和最低报价的价差做出限定。首次公开发行股票价格（或发行价格区间）确定后，提供有效报价的投资者方可参与申购。

规定三：首次公开发行股票采用询价方式的，网下投资者报价后，发行人和主承销商应当剔除拟申购总量中报价最高的部分，剔除部分不得低于所有网下投资者拟申购总量的10%，然后根据剩余报价及拟申购数量协商确定发行价格。剔除部分不得参与网下申购。

发行人和主承销商应当合理确定剔除最高报价部分后的有效报价投资者数量，见图8－17。

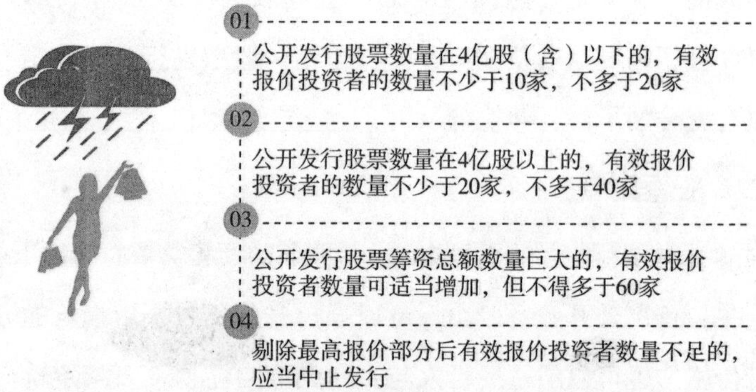

图8－17　有效报价投资者数量的四大要求

规定四：首次公开发行股票时，发行人和主承销商可以自主协商确定参与网下询价投资者的条件、有效报价条件、配售原则和配售方式，并按照事先确定的配售原则在有效申购的网下投资者中选择配售股票的对象。

规定五：参与首次公开发行股票网下报价和申购的投资者应为依法可以进行股票投资的主体。其中，机构投资者应当依法设立并具有良好的信用记录，个人投资者应具备至少5年投资经验。

发行人和主承销商可以对网下投资者的资质、研究能力和风险承受能力等方面提出具体条件，并在发行公告中预先披露。

规定六：首次公开发行股票后总股本 4 亿股（含）以下的，网下初始发行比例不低于本次公开发行股票数量的 60%；发行后总股本超过 4 亿股的，网下初始发行比例不低于本次公开发行股票数量的 70%。其中，应安排不低于本次网下发行股票数量的 40% 优先向通过公开募集方式设立的证券投资基金（以下简称公募基金）和由社保基金投资管理人管理的社会保障基金（以下简称社保基金）配售。公募基金和社保基金有效申购不足 40% 的，发行人和主承销商可以向其他符合条件的网下投资者配售。

安排向战略投资者配售股票的，应当扣除向战略投资者配售部分后确定网下网上发行比例。网下投资者可与发行人和主承销商自主约定网下配售股票的持有期限并公开披露。

规定七：首次公开发行股票网下投资者申购数量低于网下初始发行量的，发行人和主承销商不得将网下发行部分向网上回拨，应当中止发行。

网上投资者有效申购倍数超过 50 倍、低于 100 倍（含）的，应当从网下向网上回拨，回拨比例为本次公开发行股票数量的 20%；网上投资者有效申购倍数超过 100 倍的，回拨比例为本次公开发行股票数量的 40%。网上投资者申购数量不足网上初始发行量的，可回拨给网下投资者。

除《证券发行与承销管理办法》第六条和本条第一款规定的中止发行情形外，发行人和主承销商还可以约定中止发行的其他具体情形并事先披露。中止发行后，在核准文件有效期内，经向中国证监会备案，可重新启动发行。

规定八：首次公开发行股票，持有一定数量非限售股份的投资者才能参与网上申购。网上配售应当综合考虑投资者持有非限售股份的市值和申购资金量。采用其他方式进行网上申购和配售的，应当符合中国证监会的有关规定。

规定九：首次公开发行股票的网下发行应和网上发行同时进行，参与申购的网下和网上投资者应当全额缴付申购资金。投资者应自行选择参与网下或网上发行，不得同时参与。

发行人股东拟进行老股转让的，发行人和主承销商应于网下网上申购前协商确定发行价格、发行数量和老股转让数量。无老股转让计划的，发行人和主承销商可通过网下询价确定发行价格或发行价格区间。

网上投资者申购时仅公告发行价格区间、未确定发行价格的，主承销商应当安排投资者按价格区间上限申购，如最终确定的发行价格低于价格区间上限，差价部分应当及时退还投资者。

规定十：首次公开发行股票数量在4亿股以上的，可以向战略投资者配售股票。发行人应当与战略投资者事先签署配售协议。

发行人和主承销商应当在发行公告中披露战略投资者的选择标准、向战略投资者配售的股票总量、占本次发行股票的比例以及持有期限等。

战略投资者不参与网下询价，且应当承诺获得本次配售的股票持有期限不少于12个月，持有期自本次公开发行的股票上市之日起计算。

规定十一：首次公开发行股票数量在4亿股以上的，发行人和主承销商可以在发行方案中采用超额配售选择权。超额配售选择权的实施应当遵守中国证监会、证券交易所、证券登记结算机构和中国证券业协会的规定。

规定十二：首次公开发行股票网下配售时，发行人和主承销商不得向下列对象配售股票，见图8－18。

规定十三：发行人和承销商不得采取操纵发行定价、暗箱操作或其他有违公开、公平、公正原则的行为；不得劝诱网下投资者抬高报价，不得干扰网下投资者正常报价和申购；不得以提供透支、回扣或者中国证监会

1 发行人及其股东、实际控制人、董事、监事、高级管理人员和其他员工，发行人及其股东、实际控制人、董事、监事、高级管理人员能够直接或间接实施控制、共同控制或施加重大影响的公司，以及该公司控股股东、控股子公司和控股股东控制的其他子公司

2 主承销商及其持股比例5%以上的股东，主承销商的董事、监事、高级管理人员和其他员工，主承销商及其持股比例5%以上的股东、董事、监事、高级管理人员能够直接或间接实施控制、共同控制或施加重大影响的公司，以及该公司控股股东、控股子公司和控股股东控制的其他子公司

3 承销商及其控股股东、董事、监事、高级管理人员和其他员工

4 前三项所述人士的关系密切的家庭成员，包括配偶、子女及其配偶、父母及配偶的父母、兄弟姐妹及其配偶、配偶的兄弟姐妹、子女配偶的父母

5 通过配售可能导致不当行为或不正当利益的其他自然人、法人和组织

6 第二、三项规定的禁止配售对象管理的公募基金不受前款规定的限制，但应符合中国证监会的有关规定

图 8－18　网下配售时不得配售的对象

认定的其他不正当手段诱使他人申购股票；不得以代持、信托持股等方式谋取不正当利益或向其他相关利益主体输送利益；不得直接或通过其利益相关方向参与认购的投资者提供财务资助或者补偿；不得以自有资金或者变相通过自有资金参与网下配售。

规定十四：上市公司发行证券，存在利润分配方案、公积金转增股本方案尚未提交股东大会表决或者虽经股东大会表决通过但未实施的，应当在方案实施后发行。相关方案实施前，主承销商不得承销上市公司发行的证券。

规定十五：上市公司向原股东配售股票（以下简称配股），应当向股权登记日登记在册的股东配售，且配售比例应当相同。

上市公司向不特定对象公开募集股份（以下简称增发）或者发行可转

换公司债券，可以全部或者部分向原股东优先配售，优先配售比例应当在发行公告中披露。

规定十六：上市公司增发或者发行可转换公司债券，主承销商可以对参与网下配售的机构投资者进行分类，对不同类别的机构投资者设定不同的配售比例，对同一类别的机构投资者应当按相同的比例进行配售。主承销商应当在发行公告中明确机构投资者的分类标准。

主承销商未对机构投资者进行分类的，应当在网下配售和网上发行之间建立回拨机制，回拨后两者的获配比例应当一致。

规定十七：上市公司非公开发行证券的，发行对象及其数量的选择应当符合中国证监会关于上市公司证券发行的相关规定。

8.6.2 证券承销

股票发行时，发行人与承销商应当签订承销协议，在承销协议中界定双方的权利与义务关系，约定明确的承销基数。采用包销方式的，应当明确包销责任；采用代销方式的，应当约定发行失败后的处理措施。

证券发行依照法律、行政法规的规定应由承销团承销的，组成承销团的承销商应当签订承销团协议，由主承销商负责组织承销工作。证券发行由两家以上证券公司联合主承销的，所有担任主承销商的证券公司应当共同承担主承销责任，履行相关义务。承销团由3家以上承销商组成的，可以设副主承销商，协助主承销商组织承销活动。承销团成员应当按照承销团协议及承销协议的规定进行承销活动，不得进行虚假承销。

除此之外，《证券发行与承销管理办法》对承销商还做了以下的要求，见图8－19。

8.6.3 股票发行的方式

我国公开发行股票的方式主要有以下四种。

证券公司承销证券，应当依照《证券法》第二十八条的规定采用包销或者代销方式。上市公司非公开发行股票未采用自行销售方式或者上市公司配股的，应当采用代销方式

股票发行采用代销方式的，应当在发行公告（或认购邀请书）中披露发行失败后的处理措施。股票发行失败后，主承销商应当协助发行人按照发行价并加算银行同期存款利息返还股票认购人

证券公司实施承销商，应当向中国证监会报送发行与承销方案

上市公司发行证券期间相关证券的停复牌安排，应当遵守证券交易所的相关规则，主承销商应当按有关规定及时划付申购资金冻结利息

投资者申购缴款结束后，发行人和主承销商应当聘请具有证券、期货相关业务资格的会计师事务所申购和募集资金进行验证，并出具验资报告；还应当聘请律师事务所对网下发行过程、配售行为、参与定价和配售的投资者资质条件及其与发行人和承销商的关联关系、资金划拨等事项进行见证，并出具专项法律意见书。证券上市后10日内，主承销商应当将验资报告、专项法律意见随同承销总结报告等文件一并报中国证监会

图 8－19 承销商的五大要求

1. 全额预缴款、比例配售、余款即退

是指投资者在规定申购时间内，将全额申购款存入主承销商在收款银行设立的专户中；申购结束后，冻结转存银行专户，再对到账资金进行验资，确定其是否属于有效申购，然后根据股票发行量和申购总量计算配售比例，进行股票配售，余款返还投资者的一种股票发行方式。

2. 全额预缴款、比例配售、余款转存

与前者处理方式相同，但申购余额款转为存款，按照同期银行存款利率计算利息。该存款属于专项存款，因而无法提前存取。

3. 与储蓄存单挂钩

是指在规定期限内无限量发售专项定期定额存单，根据存单发售数量、拟发行股票数量及每张中签存单可认购股份数量的多少确定中签率（见图 8－20），通过公开摇号抽签方式决定中签者，中签者按规定要求办

理缴款手续。

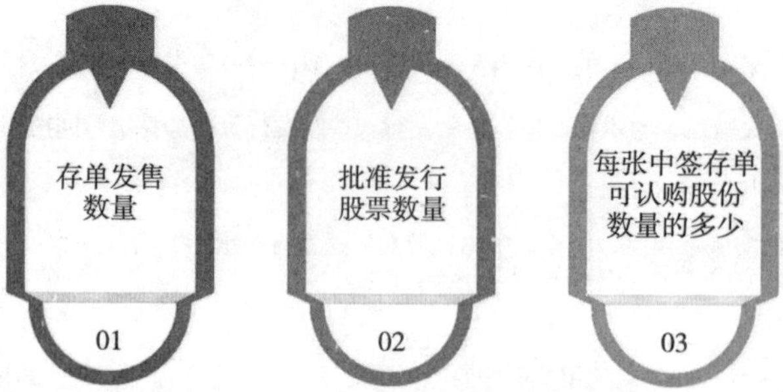

图 8－20　中签率的三种确定因素

4. 网上竞价方式

是指通过证券交易所的交易系统，主承销商作为新股的唯一卖方，以发行人宣布的发行底价为最低价格，以新股实际发行量为总的卖出数，由投资者在指定的时间内竞价委托申购，完成后确定发行价格。当确认投资者的有效申购后，就可以确定发行价格。当有效申购量等于或小于发行量时，最终发行价格为发行底价；当有效申购量大于发行量时，则可通过比例配售或者抽签的方式，来确定每个有效申购实际应配售的新股数量。

8.6.4 超额配售选择权

首次公开发行股票数量在4亿股以上的，发行人和主承销商可以在发行方案中采用超额配售选择权。超额配售选择权的实施需要符合相关规定。

超额配售选择权，又称“绿鞋”，是指发行人授予主承销商的一项选择权，获此授权的主承销商按同一发行价格超额发售不超过包销数额15%的股份，即主承销商按不超过包销数额115%的股份向投资者发售。在本次增发包销部分的股票上市之日起30日内，主承销商有权根据市场情况选择从集中竞价交易市场购买发行人股票，或者要求发行人增发股票，分配给对此超额发售部分提出认购申请的投资者。

中国证监会发布的《超额配售选择权试点意见》对超额配售选择权做了以下要求：

（1）发行人计划在增发中实施超额配售选择权的，应当提请股东大会批准，因行使超额配售选择权所发行的新股为本次增发的一部分。发行人应当披露因行使超额配售选择权而可能增发股票所募集资金的用途，并提请股东大会批准。

（2）拟在增发中实施超额配售选择权的主承销商，应当向中国证监会提供充分依据，说明公司已建立完善的内部控制，遵循内部防火墙原则，并由专人负责内部监察工作。中国证监会认为必要时，可以对主承销商进行实地检查。

（3）主承销商与发行人签订的承销协议中，应当明确发行人对主承销商行使超额配售选择权的授权，以及主承销商包销和行使超额配售选择权的责任。有关超额配售选择权的实施方案应当在增发招股说明书（包括招股意向书和招股说明书）中予以披露。

（4）在实施增发前，主承销商应当向证券登记结算机构申请开立专门用于行使超额配售选择权的账户，并向证券交易所和证券登记结算机构提交授权委托书及授权代表的有效签字样本。主承销商行使超额配售选择权所涉及的开户、清算、交收等事项，应当按照证券交易所和证券登记结算机构的相关规则办理。

（5）主承销商在决定行使超额配售选择权时，应当保证仅对参与本次发行申购且与本次发行无特殊利益关系的机构投资者做出延期交付股份的安排。在前款所述投资者预先付款并同意推迟股份交收的情况下，主承销商可以在征集认购意向时，与其达成预售拟行使超额配售选择权所对应股份的协议，并将该协议报证券登记结算机构备案。

（6）在超额配售选择权行使期内，如果发行人股票的市场交易价格低于发行价格，主承销商用超额发售股票获得的资金，按不高于发行价的价格从集中竞价交易市场购买发行人的股票，分配给提出认购申请的投资者；如果发行人股票的市场交易价格高于发行价格，主承销商可以根据授权要求发行人增发股票，分配给提出认购申请的投资者，发行人获得发行此部分新股所募集的资金。超额配售选择权的行使限额，即主承销商从集中竞价交易市场购买的发行人股票与要求发行人增发的股票之和，应当不超过本次增发包销数额的15%。

（7）在超额配售选择权行使期内，由主承销商指定的授权代表负责行使超额配售选择权及股票的配售。主承销商行使超额配售选择权，可以根据市场情况一次或分次进行，从集中竞价交易市场购买发行人股票所发生的费用由主承销商承担。

（8）主承销商应当将预售股份取得的资金存入其在商业银行开设的独立账户。除包销以外，主承销商在发行承销期间，不得运用该账户资金外的其他资金或通过他人买卖发行人上市流通的股票。证券登记结算机构有权对该账户资金的使用情况进行监察。

（9）超额配售选择权行使期届满或累计行使数额达到超额配售选择权行使限额时，主承销商应当在两个工作日内向证券交易所和证券登记结算机构提出申请并提供相关材料，将超额配售选择权账户上的所有股份配售给接受延期交付安排的投资者。

（10）超额配售选择权行使完成后，本次发行的新股按以下公式计算：本次发行的新股数量＝发行包销股份数量＋超额配售选择权累计行使数量－主承销商从集中竞价交易市场购买发行人股票的数量。

（11）主承销商应当在超额配售选择权行使完成后的五个工作日内，通知相关银行将应付给发行人的资金（如有）支付给发行人，应付资金按以下公式计算：发行人因行使超额配售选择权的筹资额 = 发行价 ×（超额配售选择权累计行使数量 - 主承销商从集中竞价交易市场购买发行人股票的数量） - 因行使超额配售选择权而发行新股的承销费用。

（12）发行人在包销数额内的新股发行完成后，应当发布股份变动公告；在实施超额配售选择权所涉及的股票发行验资工作完成后的三个工作日内，应当再次发布股份变动公告；在全部发行工作完成后，发行人还应当按照有关规定办理相关的工商变更登记手续。

（13）在超额配售选择权行使完成后的三个工作日内，主承销商应当在中国证监会指定报刊披露以下有关超额配售选择权的行使情况，见图8-21。

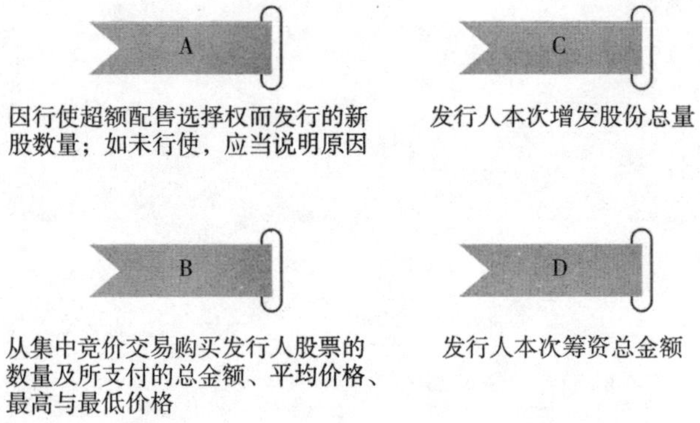

图8-21 主承销商需披露的四大情况

（14）主承销商应当保留行使超额配售选择权的完整记录。在全部发行工作完成后15个工作日内，主承销商应当将超额配售选择权的行使情况及其内部监察报告报中国证监会和证券交易所备案。

（15）首次公开发行股票公司试行超额配售选择权的，参照本试点意见执行。

（16）本试点意见自发布之日起施行。

第 9 章
IPO 路演：确保发行成功，实现超额认购

“人生如戏，全靠演技”，IPO 也是如此。公司的股票能否受到投资人青睐，能否获得高定价，都要看拟 IPO 公司能否当好主角，能否把握关键点，能否做好路演的方方面面，否则只能功亏一篑。

9.1 揭开路演的神秘面纱

路演是国际上广泛采用的一种证券发行推行方式，是指拟 IPO 公司发行证券前针对机构投资者的一种推介活动，是在投融资双方都进行了充分交流，得到了充分理解的条件下所进行的一种帮助股票成功发行、获得高额定价的重要推介、宣传手段。路演的主要形式一般是举行线下推介会，但随着互联网的发展，网上路演也成为不少公司推介股票的形式。

9.1.1 路演的作用

路演的目的是促进投资者与发行人之间的沟通交流，以保证股票能够顺利发行。在海外市场，双方则要依靠路演实现以下四个目的：

第一，对投资者的需求情况进行调查，以此作为确定股票发行量、发行价与发行时机的根据，并确保能够做到在重点区域，针对重点投资人进行股票销售。

第二，让投资者了解发行人的情况，并以此做出价格判断。

第三，通过制定销售计划，让投资者之间形成竞争，以此来提高股票的价格评估。

第四，为发行人与投资者良好关系的保持打下坚实的基础。

9.1.2 路演的形式

IPO 路演到底有哪些形式？可以从几个方面进行划分。首先，从渠道上来看可以分为两种：一是线下路演，主要通过活动专场对投资人进行面对面的演讲以及交流；二是线上路演，主要是通过互联网的形式，如在线视频、微信群或者 QQ 群等对项目进行演示与讲解。其次，从区域来看可以分为国内路演与国外路演。

通常而言，路演的主要形式是举行推介会。在推介会上，发行人向投资者就公司的业绩、产品、发展方向等做出详细介绍，让投资者对投资对象有更深入的了解，并回答机构投资者所关心的问题。

9.1.3 路演的资料

公司在准备 IPO 路演前，需要准备以下五种资料，见图 9－1。

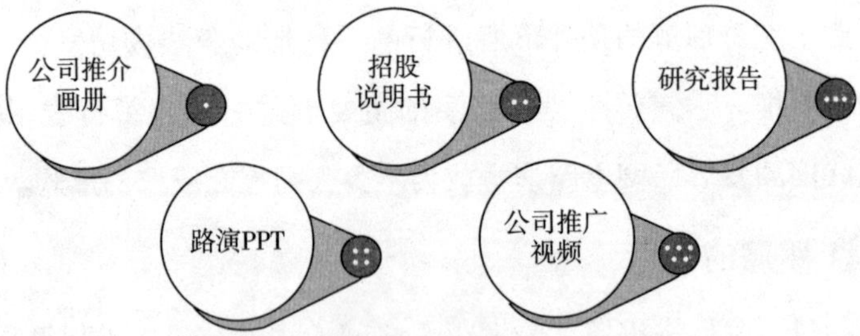

图 9－1　路演需要的五大资料

9.2 不可忽视的路演环节

在发行准备工作已经完成并审核通过时，主承销商就会安排 IPO 公司承销前的推介与询价，此阶段的工作对发行、承销成功起到非常大的作用。因此，必须注意路演涉及到的各个环节。有些时候成败就在于细微末节上，所以对路演环节进行了解是必须的。

9.2.1IPO 路演的基本环节

IPO 路演的基本环节主要有三：一是预路演；二是路演推介；三是簿记定价。

1. 预路演

由主承销商的销售人员和分析员去拜访一些特定的投资者，通常为大型的专业机构投资者，对他们进行广泛的市场调查，听取投资者对于发行价格的意见及看法，了解市场的整体需求，并据此确定一个价格区间的过程。

如若要保证预路演的效果，那么就要从地域、行业、目标投资者等多方面考虑抽样的多样性。否则询价结论就缺乏客观性，无法准确、真实地反映出市场供求关系。

2. 路演推介

这个环节是指在IPO公司主承销商的安排与协助下，主要由发行人面对投资者公开进行。这个环节的目的是让投资者通过与发行人的近距离接触，对发行人有更深入准确的了解，以此信任发行人，从而进行股票认购。

一般在路演结束后，发行人与主承销就可以根据现场的情况对市场需求做出大致的判断。

3. 簿记定价

该环节的内容主要是对投资者在不同价格区间的订单需求量进行统计，以此捕捉投资者需求对价格的敏感性，从而达到为主承销的市场研究人员对定价区间、承销结果、上市后的基本表现等进行研究分析而提供依据的目的。

9.2.2 线上路演的基本环节

线上路演是在互联网以后才出现的，现在不少发行人为了降低IPO的成本，选择线上路演。线上路演的低成本、高效果也越来越受拟IPO公司的青睐。线上路演的环节主要包括以下六个方面。

1. 挑选路演平台

在选择网上路演平台时，拟IPO公司应该遵守三个标准，见图9-2。

2. 发布路演公告

根据中国证监会规定，新股发行公司必须将进行网站直播推介活动的公告及其说明书概要对外宣告，并在上市证券交易所指定网站同天发布。除了制定信息披露刊物和网站，为发行提供路演服务的网站也需要同时发布路演公告。

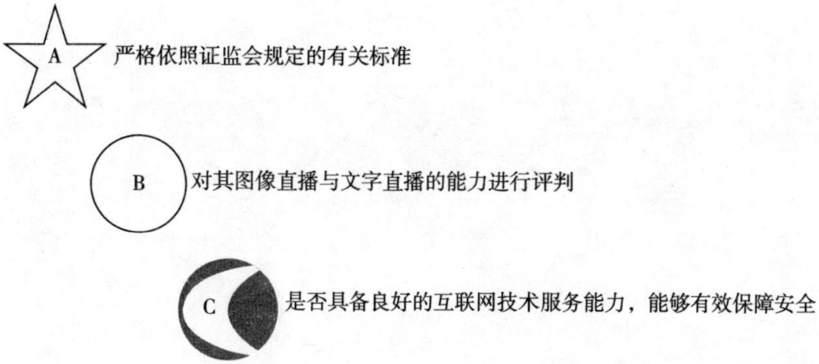

图 9－2　挑选路演平台的三大条件

3. 展示背景资料

对 IPO 公司的背景资料进行展示，需包含招股说明书、路演嘉宾介绍等资料在内。

4. 制作问卷调查

IPO 路演的问卷需要设计成投标询价单的格式，通过互联网互访调查，了解投资者对股票发行情况的真实看法。网上询价结果可作为未来定价的参考依据之一。

5. 现场推介

根据中国证监会规定，在进行网上推介时，新股发行公司的董事长、总经理、财务负责人、董事会秘书与主承销商的项目负责人必须出席公司视频直播推介活动。

6. 整理路演内容

结束现场推介后，需将路演的内容用电子形式报送中国证监会以及上市证券交易所，存档备查。

9.3 摸清投资人喜欢的 BP 逻辑

在 IPO 中，除了需要发行人的讲解，更为重要的是商业计划书。商业计划书可以让投资者对发行人有准确的、深入的了解。因此，如何制作一份投资人喜欢的商业计划书是非常关键的问题。

9.3.1 BP 撰写不可少的因素

一份能让投资者喜欢的商业计划书，有七个因素是绝对不能缺少的。

因素一：你是谁。介绍公司名称、创始人的姓名与身份，此处可以做简单的自我介绍。

因素二：面向的市场。介绍公司业务所面向的市场，解决了什么问题，有多大的潜力。

因素三：如何解决问题。公司是如何解决市场痛点并进入市场的，也就是公司的主营业务是如何让消费者接受的。是否已经成熟，还是已经遇到了障碍。

因素四：自身的优势。公司主营业务的优势在哪儿，为什么别人做不到的公司做到了，或者为什么别人以后会被公司超越。如果没有显著的核心竞争力，那么上文所说的市场潜力就成了空谈。

因素五：获得的成就。公司已经做成了什么，获得了哪些成就。这些是证明公司盈利模式可行的关键。

因素六：公司团队。一个公司的灵魂是团队，没有了团队那么公司就不可能有大的发展。大部分的投资人投资看的是公司团队的能力，而不是单纯的业务和产品。好的人才可以让手中购买的股票不断溢价。

因素七：财务信息。选择 IPO 的目的是什么？融资成功后，公司能在一定时间内实现什么样的增长，募投资金的走向是什么？这些都需要一一说明。

这些因素都简明扼要地指出了投资人最在乎的问题，最透明地剖析了公司的核心逻辑，让投资者一看就能懂。

9.3.2 BP 主要的目录格式

证监会有专门的商业计划书格式指引，主板与创业板大同小异。以主板为例，主要包含以下几个方面的内容：

第一节 封面、书脊、扉页、目录、释义；

第二节 概览；

第三节 本次发行概况；

第四节 风险因素；

第五节 发行人基本情况；

第六节 业务和技术；

第七节 同业竞争与关联交易；

第八节 董事、监事、高级管理人员与核心技术人员；

第九节 公司治理；

第十节 财务会计信息；

第十一节 管理层讨论与分析；

第十二节 业务发展目标；

第十三节 募集资金运用；

第十四节 股利分配政策；

第十五节 其他重要事项；

第十六节 董事、监事、高级管理人员及有关中介机构声明；

第十七节 备查文件。

9.3.3 路演 PPT 的制作

PPT 是 IPO 路演的重要载体，一份好的 PPT 直接决定了路演的结果。因此，掌握 PPT 的技巧非常关键。那么如何才能制作出一个有质量、能为企业路演融资起到大作用的 PPT 呢？

1. 生动性

我们经常可以听到这样的言论：“PPT 很简单，就是把 Word 文档里的文字复制粘贴”。这是极为错误的想法。PPT 的本质在于可视化，是要把原来看不见、摸不着、晦涩难懂的抽象文字转化为图标、图像、动画以及声音所组成的生动场景。让投资者看得懂，看得有趣。一个好的 IPO 路演 PPT 需要具备三个因素，见图 9－3。

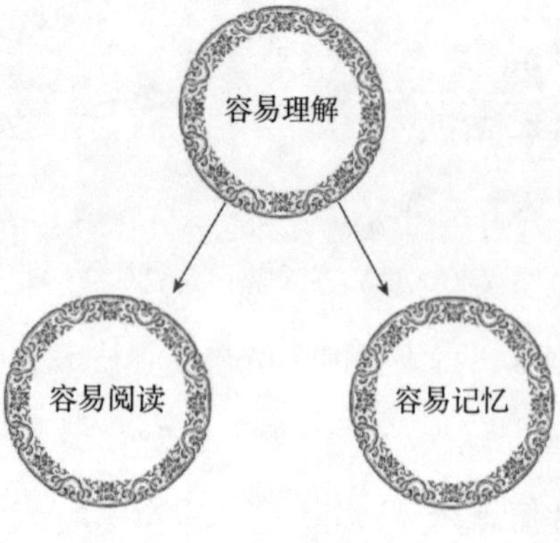

图 9－3 路演 PPT 需要具备的三个特性

所以，在制作PPT时，一定要把那些无关紧要的内容删除，文字要短小精悍，把重点地方放大，让人一眼就能看清读懂。

2. 注意时间

不少拟IPO公司，认为路演时讲得越多，时间越长，就越能得到投资者的信任。其实这是错误的。讲得越多就错得越多。而且投资人不喜欢长篇大论。只要把核心内容、投资者关心的内容在PPT上演示即可。十分钟已是极限。

3. 逻辑清晰

不少IPO公司的PPT都有一个致命弱点，就是逻辑不够清晰，投资者看了容易迷失思路。主要有两个原因导致：一是因为PPT的逻辑是抽象的，难以把握；二是PPT是一页页往下翻的，一次只能看一页的内容，容易忘记。因此，IPO公司就要为自己的PPT建立一个清晰的导航系统，见图9－4。

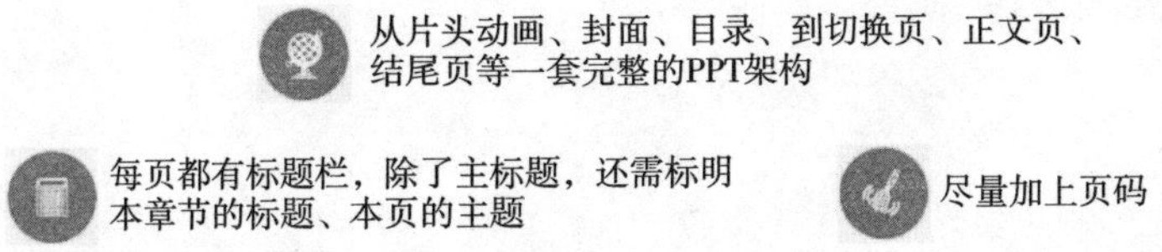

图9－4　建立PPT导航系统的三个方法

4. 创意创新

路演融资公司要在PPT中体现自己设计的才能，这样才能通过PPT显现自己具有创新、创意能力。内容上的好坏一时难以评价，但形式上的优劣却显而易见。一个具有创新性的PPT可以起到以下三个作用，见图9－5。

图9-5　创新性PPT可起到的三大作用

5. 图表化

不管是谁，对大段的文字都会感到非常厌烦，所以最好能把文字和数据制作成图片和图表。如用柱图、饼图、线图、雷达图来表现数据；用并列、包含、扩散、综合、层进来表示逻辑关系。

拟IPO公司可以参照阿里巴巴、京东、汽车之家等已经成功IPO的路演PPT，分析其逻辑和独到之处，再结合自身的情况来制作一份出色的IPO路演PPT。

9.4 路演主角，你的扮演够出色吗

有不少人表示怀疑："路演的主讲人真的会影响股票的价格吗?"已经有了 IPO 资料中提供的硬件信息，投资者是否只看财务因素，而剔除人格因素？答案是不能。有研究表明："CEO 给人的感觉越好，公司的估值便会越高"。这个观点适用于 IPO 过程中的每个阶段。所以，正在准备路演的 IPO 公司要注意：在路演中，重要的不仅是说了什么，还包括由谁说，以及说得多好。

9.4.1 出色的个人特质

如果一个 IPO 公司的主讲人具备出色的个人特质，那么在控制了可以影响股票定价的其他变量后，如主讲人年龄、经验与教育背景能力等，如果能在这项看似无用的个人评估中获得高分，那么其公司在路演期间得到的 IPO 定价也会更高。

除此之外，具备出色个人特质的主讲人还能吸引更多、更好的承销商，开始路演时承销商就会给出较高的报价。

比如阿里巴巴在 IPO 时，马云无疑为阿里巴巴股票价格做出了不小的贡献，成就了美国史上最大的 IPO 案例。马云凭借出色的个人魅力，让投

资人对阿里巴巴有了更深的了解，也让投资人对阿里巴巴的信任更深。

9.4.2 敏锐的判断力与反应力

路演主讲人需要保持敏锐的判断力，能够进行快速决策。IPO 路演不管是采取线上还是线下路演，都需要 IPO 公司的主讲人去解释公司的文化、商业模式、所获得成绩等。所以，在路演的过程中，投资人会提出各种各样的问题，因而就需要路演主讲人保持敏锐的判断力和反应力，能对投资人提出的问题做出最好的回答。

马云在美国进行了 10 天的 IPO 路演，吸引了 800 个投资人的参与。在路演的过程中，这 800 位投资人提出了各种刁钻的问题，而马云凭借敏锐的判断力与反应力，一一为投资人做了最完美的解答。比如有投资人询问马云对于阿里巴巴上市后，是要把市场重心放在美国吗？马云回答说："阿里巴巴将持续专注于中国市场营销的增长，但也会持续深耕美国。最为重要的是，阿里巴巴未来的重心不止在中国和美国，而是全球。"

还有投资人询问马云 2011 年支付宝分拆引发阿里巴巴大股东雅虎不满的、招致投资者批评的事情。马云并没有回避，而是主动解释了事情的经过与公司的考虑。马云说"这是他做过最为艰难的决定之一。但是从长期来看，这是对公司最好的做法"。

9.4.3 充分了解公司

主讲人要在路演中有完美的表现，那么就必须对公司有充分、全面的了解，这是一再强调的。大到公司主营业务情况，小到资产负债表上的一个数据，主讲人都要了然于心。这样才不会因为回答不出投资人提出的问题，而导致 IPO 受影响。除此之外，也要求主讲人有出色的表达能力。好的表达能力能把公司的优势、未来的发展潜力充分展示出来。

9.5 把握四个关键表述点

不管是 IPO 路演还是产品推介路演，其中有四个关键表述点需要重点关注。2007 年，乔布斯不止给世人带来了一个惊艳的作品，也留下了一个经典的路演。乔布斯在这场发布会的演讲，是非常值得各大公司学习的。把握住乔布斯的四个关键表述点，不管是 IPO 路演还是产品路演，主讲人都能有出色的表现。

9.5.1 我是谁

优势是最好的吸引力。在介绍公司时，不要为了迎合大众的口味而加入一些看似精彩，其实对自己起不到任何帮助的东西。而是要讲公司最擅长的事情，讲和公司相关的事情，把公司的信念融入到对公司的介绍中。

乔布斯显然是非常懂得如何介绍自己是谁，懂得把和苹果相关的、把公司的信念融入到介绍中。乔布斯在发布上说了这么一段话：“整整两年半，我都在期待着这一天的到来。每隔一段时间，就会有一件革命性的产品改变世界。1984 年，苹果发布的 Macintosh 让整个计算机产业发生了改变；2001 年，苹果发布会的 ipod 让整个音乐产业发生了改变。今天，我们要发布 3 件同一重量级的革命性产品。”

一段简单的话就把产品、个人、公司结合了起来，说了三个问题，见图9－6。

等待两年半，说明了苹果的时间、说明了团队的耐心

时间和革命性，向外界展示了苹果的工匠精神

革命、改变、革命、改变，关键词不断重复不止强调了苹果团队以及个人的信念，又表明了行业产品的核心特点

图9－6　乔布斯自我介绍说明的3个问题

9.5.2 我销售的是什么

在介绍公司的业务或产品时，要强调独特性或唯一性，即使没有也要强调出核心竞争点。在产品同质化现象越来越严重的今天，只有独特性或唯一性才能迅速打开市场，让投资人看到未来的发展潜力。

乔布斯在介绍产品时强调的是让产品说话，直接切入主题，简短的一段话就把产品的独特性、唯一性展示了出来。

乔布斯是这么说的："第一件产品，是一台宽屏幕、可触摸控制的ipod；第二件产品，是一台革命性的手机；第三件产品，是一台前所未有的互联网通信工具。这不是独立的三件设备，它们是一个整体，是一台设备。我们把它叫做iPhone。今天，苹果要重新发明手机。"

9.5.3 描述利益点

要想让投资人投资，就必须要让他们知道可以从你这里获得什么好处。就像是用户真正关注的不是产品，而是产品能为他们解决什么问题。只要能解决他们的问题，消除痛点，就会购买产品。同理，如果主讲人能把对投资者有利的东西描述出来，让他们看见未来的获利点，他们才会愿意投资。

乔布斯在介绍自己的苹果手机时，从三个方面描述了用户可以从苹果手机中获得什么样的好处，见图 9－7。

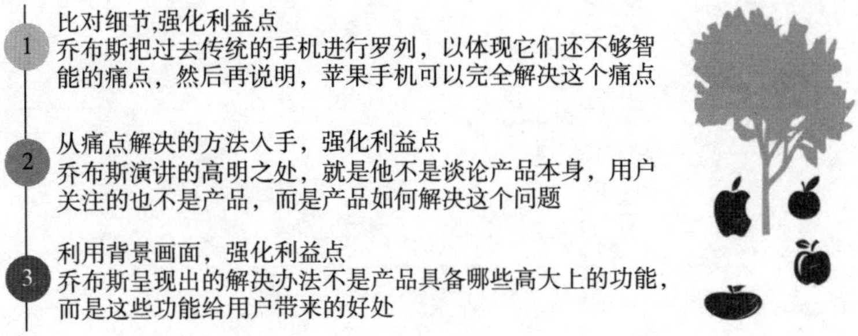

图 9－7　乔布斯描述利益点的三个角度

9.5.4 投资的理由

在路演时要给投资者一个投资的理由，这个环节可以尽量用数据来展示。数据可以让投资人产生更为清晰地理解。需要注意的是，只列出关键数据即可。

对此，乔布斯是这样说的："这不是三个，是一个，它叫 iPhone"。一个简单的数据陈列就涵盖了全部购买的理由。表示它是唯一，你找不到和它相同的产品；它是第一，它解决了其他手机无法解决的痛点。

附　录

附录1　上市公司重大资产重组管理办法

（2014年7月7日中国证券监督管理委员会第52次主席办公会议审议通过，根据2016年9月8日中国证券监督管理委员会《关于修改〈上市公司重大资产重组管理办法〉的决定》修订）

第一章　总 则

第一条　为了规范上市公司重大资产重组行为，保护上市公司和投资者的合法权益，促进上市公司质量不断提高，维护证券市场秩序和社会公共利益，根据《公司法》、《证券法》等法律、行政法规的规定，制定本办法。

第二条　本办法适用于上市公司及其控股或者控制的公司在日常经营活动之外购买、出售资产或者通过其他方式进行资产交易达到规定的比例，导致上市公司的主营业务、资产、收入发生重大变化的资产交易行为（以下简称重大资产重组）。

上市公司发行股份购买资产应当符合本办法的规定。

上市公司按照经中国证券监督管理委员会（以下简称中国证监会）核准的发行证券文件披露的募集资金用途，使用募集资金 购买资产、对外投资的行为，不适用本办法。

第三条　任何单位和个人不得利用重大资产重组损害上市公司及其股东的合法权益。

第四条　上市公司实施重大资产重组，有关各方必须及时、公平地披露或者提供信息，保证所披露或者提供信息的真实、准确、完整，不得有虚假记载、误导性陈述或者重大遗漏。

第五条　上市公司的董事、监事和高级管理人员在重大资产重组活动中，应当诚实守信、勤勉尽责，维护公司资产的安全，保护公司和全体股东的合法权益。

第六条　为重大资产重组提供服务的证券服务机构和人员，应当遵守法律、行政法规和中国证监会的有关规定，遵循本行业公认的业务标准和道德规范，严格履行职责，对其所制作、出具文件的真实性、准确性和完整性承担责任。

前款规定的证券服务机构和人员，不得教唆、协助或者伙同委托人编制或者披露存在虚假记载、误导性陈述或者重大遗漏的报告、公告文件，不得从事不正当竞争，不得利用上市公司重大资产重组谋取不正当利益。

第七条　任何单位和个人对所知悉的重大资产重组信息在依法披露前负有保密义务。

禁止任何单位和个人利用重大资产重组信息从事内幕交易、操纵证券市场等违法活动。

第八条　中国证监会依法对上市公司重大资产重组行为进行监督管理。

中国证监会审核上市公司重大资产重组或者发行股份购买资产的申请，可以根据上市公司的规范运作和诚信状况、财务顾问的执业能力和执业质量，结合国家产业政策和重组交易类型，作出差异化的、公开透明的监管制度安排，有条件地减少审核内容和环节。

第九条　鼓励依法设立的并购基金、股权投资基金、创业投资基金、产业投资基金等投资机构参与上市公司并购重组。

第十条　中国证监会在发行审核委员会中设立上市公司并购重组审核委员会（以下简称并购重组委），并购重组委以投票方式对提交其审议的重大资产重组或者发行股份购买资产申请进行表决，提出审核意见。

第二章　重大资产重组的原则和标准

第十一条　上市公司实施重大资产重组，应当就本次交易符合下列要求作出充分说明，并予以披露：

（一）符合国家产业政策和有关环境保护、土地管理、反垄断等法律和行政法规的规定；

（二）不会导致上市公司不符合股票上市条件；

（三）重大资产重组所涉及的资产定价公允，不存在损害上市公司和股东合法权益的情形；

（四）重大资产重组所涉及的资产权属清晰，资产过户或者转移不存在法律障碍，相关债权债务处理合法；

（五）有利于上市公司增强持续经营能力，不存在可能导致上市公司重组后主要资产为现金或者无具体经营业务的情形；

（六）有利于上市公司在业务、资产、财务、人员、机构等方面与实际控制人及其关联人保持独立，符合中国证监会关于上市公司独立性的相关规定；

（七）有利于上市公司形成或者保持健全有效的法人治理结构。

第十二条　上市公司及其控股或者控制的公司购买、出售资产，达到下列标准之一的，构成重大资产重组：

（一）购买、出售的资产总额占上市公司最近一个会计年度经审计的合并财务会计报告期末资产总额的比例达到50%以上；

（二）购买、出售的资产在最近一个会计年度所产生的营业收入占上市公司同期经审计的合并财务会计报告营业收入的比例达到50%以上；

（三）购买、出售的资产净额占上市公司最近一个会计年度经审计的合并财务会计报告期末净资产额的比例达到50%以上，且超过5000万元人民币。

购买、出售资产未达到前款规定标准，但中国证监会发现存在可能损害上市公司或者投资者合法权益的重大问题的，可以根据审慎监管原则，责令上市公司按照本办法的规定补充披露相关信息、暂停交易、聘请独立财务顾问或者其他证券服务机构补充核查并披露专业意见。

第十三条　上市公司自控制权发生变更之日起60个月内，向收购人及其关联人购买资产，导致上市公司发生以下根本变化情形之一的，构成重大资产重组，应当按照本办法的规定报经中国证监会核准：

（一）购买的资产总额占上市公司控制权发生变更的前一个会计年度经审计的合并财务会计报告期末资产总额的比例达到100%以上；

（二）购买的资产在最近一个会计年度所产生的营业收入占上市公司控制权发生变更的前一个会计年度经审计的合并财务会计报告营业收入的比例达到100%以上；

（三）购买的资产在最近一个会计年度所产生的净利润占上市公司控制权发生变更的前一个会计年度经审计的合并财务会计报告净利润的比例达到100%以上；

（四）购买的资产净额占上市公司控制权发生变更的前一个会计年度经审计的合并财务会计报告期末净资产额的比例达到100%以上；

（五）为购买资产发行的股份占上市公司首次向收购人及其关联人购买资产的董事会决议前一个交易日的股份的比例达到100%以上；

（六）上市公司向收购人及其关联人购买资产虽未达到本款第（一）

至第（五）项标准，但可能导致上市公司主营业务发生根本变化；

（七）中国证监会认定的可能导致上市公司发生根本变化的其他情形。

上市公司实施前款规定的重大资产重组，应当符合下列规定：

（一）符合本办法第十一条、第四十三条规定的要求；

（二）上市公司购买的资产对应的经营实体应当是股份有限公司或者有限责任公司，且符合《首次公开发行股票并上市管理办法》规定的其他发行条件；

（三）上市公司及其最近 3 年内的控股股东、实际控制人不存在因涉嫌犯罪正被司法机关立案侦查或涉嫌违法违规正被中国证监会立案调查的情形，但是，涉嫌犯罪或违法违规的行为已经终止满 3 年，交易方案能够消除该行为可能造成的不良后果，且不影响对相关行为人追究责任的除外；

（四）上市公司及其控股股东、实际控制人最近 12 个月内未受到证券交易所公开谴责，不存在其他重大失信行为；

（五）本次重大资产重组不存在中国证监会认定的可能损害投资者合法权益，或者违背公开、公平、公正原则的其他情形。

上市公司通过发行股份购买资产进行重大资产重组的，适用《证券法》和中国证监会的相关规定。

本条第一款所称控制权，按照《上市公司收购管理办法》第八十四条的规定进行认定。上市公司股权分散，董事、高级管理人员可以支配公司重大的财务和经营决策的，视为具有上市公司控制权。

创业板上市公司自控制权发生变更之日起，向收购人及其关联人购买资产，不得导致本条第一款规定的任一情形。

上市公司自控制权发生变更之日起，向收购人及其关联人购买的资产属于金融、创业投资等特定行业的，由中国证监会另行规定。

第十四条　计算本办法第十二条、第十三条规定的比例时，应当遵守下列规定：

（一）购买的资产为股权的，其资产总额以被投资企业的资产总额与该项投资所占股权比例的乘积和成交金额二者中的较高者为准，营业收入以被投资企业的营业收入与该项投资所占股权比例的乘积为准，资产净额以被投资企业的净资产额与该项投资所占股权比例的乘积和成交金额二者中的较高者为准；出售的资产为股权的，其资产总额、营业收入以及资产净额分别以被投资企业的资产总额、营业收入以及净资产额与该项投资所占股权比例的乘积为准。

购买股权导致上市公司取得被投资企业控股权的，其资产总额以被投资企业的资产总额和成交金额二者中的较高者为准，营业收入以被投资企业的营业收入为准，净利润以被投资企业扣除非经常性损益前后的净利润的较高者为准，资产净额以被投资企业的净资产额和成交金额二者中的较高者为准；出售股权导致上市公司丧失被投资企业控股权的，其资产总额、营业收入以及资产净额分别以被投资企业的资产总额、营业收入以及净资产额为准。

（二）购买的资产为非股权资产的，其资产总额以该资产的账面值和成交金额二者中的较高者为准，资产净额以相关资产与负债的账面值差额和成交金额二者中的较高者为准；出售的资产为非股权资产的，其资产总额、资产净额分别以该资产的账面值、相关资产与负债账面值的差额为准；该非股权资产不涉及负债的，不适用第十二条第一款第（三）项规定的资产净额标准。

（三）上市公司同时购买、出售资产的，应当分别计算购买、出售资产的相关比例，并以二者中比例较高者为准。

（四）上市公司在12个月内连续对同一或者相关资产进行购买、出售的，以其累计数分别计算相应数额。已按照本办法的规定编制并披露重大资产重组报告书的资产交易行为，无须纳入累计计算的范围。中国证监会对本办法第十三条第一款规定的重大资产重组的累计期限和范围另有规定的，从其规定。

交易标的资产属于同一交易方所有或者控制，或者属于相同或者相近的业务范围，或者中国证监会认定的其他情形下，可以认定为同一或者相关资产。

第十五条　本办法第二条所称通过其他方式进行资产交易，包括：

（一）与他人新设企业、对已设立的企业增资或者减资；

（二）受托经营、租赁其他企业资产或者将经营性资产委托他人经营、租赁；

（三）接受附义务的资产赠与或者对外捐赠资产；

（四）中国证监会根据审慎监管原则认定的其他情形。

上述资产交易实质上构成购买、出售资产，且按照本办法规定的标准计算的相关比例达到50%以上的，应当按照本办法的规定履行相关义务和程序。

第三章　重大资产重组的程序

第十六条　上市公司与交易对方就重大资产重组事宜进行初步磋商时，应当立即采取必要且充分的保密措施，制定严格有效的保密制度，限定相关敏感信息的知悉范围。上市公司及交易对方聘请证券服务机构的，应当立即与所聘请的证券服务机构签署保密协议。

上市公司关于重大资产重组的董事会决议公告前，相关信息已在媒体上传播或者公司股票交易出现异常波动的，上市公司应当立即将有关计划、方案或者相关事项的现状以及相关进展情况和风险因素等予以公告，并按照有关信息披露规则办理其他相关事宜。

第十七条　上市公司应当聘请独立财务顾问、律师事务所以及具有相关证券业务资格的会计师事务所等证券服务机构就重大资产重组出具意见。

独立财务顾问和律师事务所应当审慎核查重大资产重组是否构成关联交易，并依据核查确认的相关事实发表明确意见。重大资产重组涉及关联交易的，独立财务顾问应当就本次重组对上市公司非关联股东的影响发表明确意见。

资产交易定价以资产评估结果为依据的，上市公司应当聘请具有相关证券业务资格的资产评估机构出具资产评估报告。

证券服务机构在其出具的意见中采用其他证券服务机构或者人员的专业意见的，仍然应当进行尽职调查，审慎核查其采用的专业意见的内容，并对利用其他证券服务机构或者人员的专业意见所形成的结论负责。

第十八条　上市公司及交易对方与证券服务机构签订聘用合同后，非因正当事由不得更换证券服务机构。确有正当事由需要更换证券服务机构的，应当披露更换的具体原因以及证券服务机构的陈述意见。

第十九条　上市公司应当在重大资产重组报告书的管理层讨论与分析部分，就本次交易对上市公司的持续经营能力、未来发展前景、当年每股收益等财务指标和非财务指标的影响进行详细分析。

第二十条　重大资产重组中相关资产以资产评估结果作为定价依据的，资产评估机构应当按照资产评估相关准则和规范开展执业活动；上市公司董事会应当对评估机构的独立性、评估假设前提的合理性、评估方法与评估目的的相关性以及评估定价的公允性发表明确意见。

相关资产不以资产评估结果作为定价依据的，上市公司应当在重大资产重组报告书中详细分析说明相关资产的估值方法、参数及其他影响估值结果的指标和因素。上市公司董事会应当对估值机构的独立性、估值假设前提的合理性、估值方法与估值目的的相关性发表明确意见，并结合相关资产的市场可比交易价格、同行业上市公司的市盈率或者市净率等通行指标，在重大资产重组报告书中详细分析本次交易定价的公允性。

前二款情形中，评估机构、估值机构原则上应当采取两种以上的方法进行评估或者估值；上市公司独立董事应当出席董事会会议，对评估机构或者估值机构的独立性、评估或者估值假设前提的合理性和交易定价的公允性发表独立意见，并单独予以披露。

第二十一条　上市公司进行重大资产重组，应当由董事会依法作出决议，并提交股东大会批准。

上市公司董事会应当就重大资产重组是否构成关联交易作出明确判断，并作为董事会决议事项予以披露。

上市公司独立董事应当在充分了解相关信息的基础上，就重大资产重组发表独立意见。重大资产重组构成关联交易的，独立董事可以另行聘请独立财务顾问就本次交易对上市公司非关联股东的影响发表意见。上市公司应当积极配合独立董事调阅相关材料，并通过安排实地调查、组织证券服务机构汇报等方式，为独立董事履行职责提供必要的支持和便利。

第二十二条　上市公司应当在董事会作出重大资产重组决议后的次一工作日至少披露下列文件：

（一）董事会决议及独立董事的意见；

（二）上市公司重大资产重组预案。

本次重组的重大资产重组报告书、独立财务顾问报告、法律意见书以及重组涉及的审计报告、资产评估报告或者估值报告至迟应当与召开股东大会的通知同时公告。上市公司自愿披露盈利预测报告的，该报告应当经具有相关证券业务资格的会计师事务所审核，与重大资产重组报告书同时公告。

本条第一款第（二）项及第二款规定的信息披露文件的内容与格式另行规定。

上市公司应当在至少一种中国证监会指定的报刊公告董事会决议、独立董事的意见，并应当在证券交易所网站全文披露重大资产重组报告书及其摘要、相关证券服务机构的报告或者意见。

第二十三条　上市公司股东大会就重大资产重组作出的决议，至少应当包括下列事项：

（一）本次重大资产重组的方式、交易标的和交易对方；

（二）交易价格或者价格区间；

（三）定价方式或者定价依据；

（四）相关资产自定价基准日至交割日期间损益的归属；

（五）相关资产办理权属转移的合同义务和违约责任；

（六）决议的有效期；

（七）对董事会办理本次重大资产重组事宜的具体授权；

（八）其他需要明确的事项。

第二十四条　上市公司股东大会就重大资产重组事项作出决议，必须经出席会议的股东所持表决权的2/3以上通过。

上市公司重大资产重组事宜与本公司股东或者其关联人存在关联关系的，股东大会就重大资产重组事项进行表决时，关联股东应当回避表决。

交易对方已经与上市公司控股股东就受让上市公司股权或者向上市公司推荐董事达成协议或者默契，可能导致上市公司的实际控制权发生变化的，上市公司控股股东及其关联人应当回避表决。

上市公司就重大资产重组事宜召开股东大会，应当以现场会议形式召开，并应当提供网络投票和其他合法方式为股东参加股东大会提供便利。除上市公司的董事、监事、高级管理人员、单独或者合计持有上市公司

5%以上股份的股东以外，其他股东的投票情况应当单独统计并予以披露。

第二十五条　上市公司应当在股东大会作出重大资产重组决议后的次一工作日公告该决议，以及律师事务所对本次会议的召集程序、召集人和出席人员的资格、表决程序以及表决结果等事项出具的法律意见书。

属于本办法第十三条规定的交易情形的，上市公司还应当按照中国证监会的规定委托独立财务顾问在作出决议后3个工作日内向中国证监会提出申请。

第二十六条　上市公司全体董事、监事、高级管理人员应当公开承诺，保证重大资产重组的信息披露和申请文件不存在虚假记载、误导性陈述或者重大遗漏。

重大资产重组的交易对方应当公开承诺，将及时向上市公司提供本次重组相关信息，并保证所提供的信息真实、准确、完整，如因提供的信息存在虚假记载、误导性陈述或者重大遗漏，给上市公司或者投资者造成损失的，将依法承担赔偿责任。

前二款规定的单位和个人还应当公开承诺，如本次交易因涉嫌所提供或者披露的信息存在虚假记载、误导性陈述或者重大遗漏，被司法机关立案侦查或者被中国证监会立案调查的，在案件调查结论明确之前，将暂停转让其在该上市公司拥有权益的股份。

第二十七条　中国证监会依照法定条件和程序，对上市公司属于本办法第十三条规定情形的交易申请作出予以核准或者不予核准的决定。

中国证监会在审核期间提出反馈意见要求上市公司作出书面解释、说明的，上市公司应当自收到反馈意见之日起30日内提供书面回复意见，独立财务顾问应当配合上市公司提供书面回复意见。逾期未提供的，上市公司应当在到期日的次日就本次交易的进展情况及未能及时提供回复意见的具体原因等予以公告。

第二十八条　股东大会作出重大资产重组的决议后，上市公司拟对交易对象、交易标的、交易价格等作出变更，构成对原交易方案重大调整的，应当在董事会表决通过后重新提交股东大会审议，并及时公告相关文件。

中国证监会审核期间，上市公司按照前款规定对原交易方案作出重大调整的，还应当按照本办法的规定向中国证监会重新提出申请，同时公告相关文件。

中国证监会审核期间，上市公司董事会决议撤回申请的，应当说明原因，予以公告；上市公司董事会决议终止本次交易的，还应当按照公司章程的规定提交股东大会审议。

第二十九条　上市公司重大资产重组属于本办法第十三条规定的交易情形的，应当提交并购重组委审核。

第三十条　上市公司在收到中国证监会关于召开并购重组委工作会议审核其申请的通知后，应当立即予以公告，并申请办理并购重组委工作会议期间直至其表决结果披露前的停牌事宜。

上市公司收到并购重组委关于其申请的表决结果的通知后，应当在次一工作日公告表决结果并申请复牌。公告应当说明，公司在收到中国证监会作出的予以核准或者不予核准的决定后将再行公告。

第三十一条　上市公司收到中国证监会就其申请作出的予以核准或者不予核准的决定后，应当在次一工作日予以公告。

中国证监会予以核准的，上市公司应当在公告核准决定的同时，按照相关信息披露准则的规定补充披露相关文件。

第三十二条　上市公司重大资产重组完成相关批准程序后，应当及时实施重组方案，并于实施完毕之日起 3 个工作日内编制实施情况报告书，向证券交易所提交书面报告，并予以公告。

上市公司聘请的独立财务顾问和律师事务所应当对重大资产重组的实施过程、资产过户事宜和相关后续事项的合规性及风险进行核查，发表明确的结论性意见。独立财务顾问和律师事务所出具的意见应当与实施情况报告书同时报告、公告。

第三十三条　自完成相关批准程序之日起60日内，本次重大资产重组未实施完毕的，上市公司应当于期满后次一工作日将实施进展情况报告，并予以公告；此后每30日应当公告一次，直至实施完毕。属于本办法第十三条、第四十四条规定的交易情形的，自收到中国证监会核准文件之日起超过12个月未实施完毕的，核准文件失效。

第三十四条　上市公司在实施重大资产重组的过程中，发生法律、法规要求披露的重大事项的，应当及时作出公告；该事项导致本次交易发生实质性变动的，须重新提交股东大会审议，属于本办法第十三条规定的交易情形的，还须重新报经中国证监会核准。

第三十五条　采取收益现值法、假设开发法等基于未来收益预期的方法对拟购买资产进行评估或者估值并作为定价参考依据的，上市公司应当在重大资产重组实施完毕后3年内的年度报告中单独披露相关资产的实际盈利数与利润预测数的差异情况，并由会计师事务所对此出具专项审核意见；交易对方应当与上市公司就相关资产实际盈利数不足利润预测数的情况签订明确可行的补偿协议。

预计本次重大资产重组将摊薄上市公司当年每股收益的，上市公司应当提出填补每股收益的具体措施，并将相关议案提交董事会和股东大会进行表决。负责落实该等具体措施的相关责任主体应当公开承诺，保证切实履行其义务和责任。

上市公司向控股股东、实际控制人或者其控制的关联人之外的特定对象购买资产且未导致控制权发生变更的，不适用本条前二款规定，上市公司与交易对方可以根据市场化原则，自主协商是否采取业绩补偿和每股收益填补措施及相关具体安排。

第三十六条　上市公司重大资产重组发生下列情形的，独立财务顾问应当及时出具核查意见，并予以公告：

（一）上市公司完成相关批准程序前，对交易对象、交易标的、交易价格等作出变更，构成对原重组方案重大调整，或者因发生重大事项导致原重组方案发生实质性变动的；

（二）上市公司完成相关批准程序后，在实施重组过程中发生重大事项，导致原重组方案发生实质性变动的。

第三十七条　独立财务顾问应当按照中国证监会的相关规定，对实施重大资产重组的上市公司履行持续督导职责。持续督导的期限自本次重大资产重组实施完毕之日起，应当不少于一个会计年度。实施本办法第十三条规定的重大资产重组，持续督导的期限自中国证监会核准本次重大资产重组之日起，应当不少于3个会计年度。

第三十八条　独立财务顾问应当结合上市公司重大资产重组当年和实施完毕后的第一个会计年度的年报，自年报披露之日起15日内，对重大资产重组实施的下列事项出具持续督导意见，并予以公告：

（一）交易资产的交付或者过户情况；

（二）交易各方当事人承诺的履行情况；

（三）已公告的盈利预测或者利润预测的实现情况；

（四）管理层讨论与分析部分提及的各项业务的发展现状；

（五）公司治理结构与运行情况；

（六）与已公布的重组方案存在差异的其他事项。

独立财务顾问还应当结合本办法第十三条规定的重大资产重组实施完毕后的第二、三个会计年度的年报，自年报披露之日起15日内，对前款第

（二）至（六）项事项出具持续督导意见，并予以公告。

第四章 重大资产重组的信息管理

第三十九条 上市公司筹划、实施重大资产重组，相关信息披露义务人应当公平地向所有投资者披露可能对上市公司股票交易价格产生较大影响的相关信息（以下简称股价敏感信息），不得有选择性地向特定对象提前泄露。

第四十条　上市公司的股东、实际控制人以及参与重大资产重组筹划、论证、决策等环节的其他相关机构和人员，应当及时、准确地向上市公司通报有关信息，并配合上市公司及时、准确、完整地进行披露。上市公司获悉股价敏感信息的，应当及时向证券交易所申请停牌并披露。

第四十一条　上市公司及其董事、监事、高级管理人员，重大资产重组的交易对方及其关联方，交易对方及其关联方的董事、监事、高级管理人员或者主要负责人，交易各方聘请的证券服务 机构及其从业人员，参与重大资产重组筹划、论证、决策、审批等环节的相关机构和人员，以及因直系亲属关系、提供服务和业务往来等知悉或者可能知悉股价敏感信息的其他相关机构和人员，在重大资产重组的股价敏感信息依法披露前负有保密义务，禁止利用该信息进行内幕交易。

第四十二条　上市公司筹划重大资产重组事项，应当详细记载筹划过程中每一具体环节的进展情况，包括商议相关方案、形成相关意向、签署相关协议或者意向书的具体时间、地点、参与机构和人员、商议和决议内容等，制作书面的交易进程备忘录并予以妥当保存。参与每一具体环节的所有人员应当即时在备忘录上签名确认。

上市公司预计筹划中的重大资产重组事项难以保密或者已经泄露的，应当及时向证券交易所申请停牌，直至真实、准确、完整地披露相关信息。停牌期间，上市公司应当至少每周发布一次事件进展情况公告。

上市公司股票交易价格因重大资产重组的市场传闻发生异常波动时，上市公司应当及时向证券交易所申请停牌，核实有无影响上市公司股票交易价格的重组事项并予以澄清，不得以相关事项存在不确定性为由不履行信息披露义务。

第五章　发行股份购买资产

第四十三条　上市公司发行股份购买资产，应当符合下列规定：

（一）充分说明并披露本次交易有利于提高上市公司资产质量、改善财务状况和增强持续盈利能力，有利于上市公司减少关联交易、避免同业竞争、增强独立性；

（二）上市公司最近一年及一期财务会计报告被注册会计师出具无保留意见审计报告；被出具保留意见、否定意见或者无法表示意见的审计报告的，须经注册会计师专项核查确认，该保留意见、否定意见或者无法表示意见所涉及事项的重大影响已经消除或者将通过本次交易予以消除；

（三）上市公司及其现任董事、高级管理人员不存在因涉嫌犯罪正被司法机关立案侦查或涉嫌违法违规正被中国证监会立案调查的情形，但是，涉嫌犯罪或违法违规的行为已经终止满 3 年，交易方案有助于消除该行为可能造成的不良后果，且不影响对相关行为人追究责任的除外；

（四）充分说明并披露上市公司发行股份所购买的资产为权属清晰的经营性资产，并能在约定期限内办理完毕权属转移手续；

（五）中国证监会规定的其他条件。

上市公司为促进行业的整合、转型升级，在其控制权不发生变更的情况下，可以向控股股东、实际控制人或者其控制的关联人之外的特定对象发行股份购买资产。所购买资产与现有主营业务没有显著协同效应的，应当充分说明并披露本次交易后的经营发展战略和业务管理模式，以及业务转型升级可能面临的风险和应对措施。

特定对象以现金或者资产认购上市公司非公开发行的股份后，上市公司用同一次非公开发行所募集的资金向该特定对象购买资产的，视同上市公司发行股份购买资产。

第四十四条　上市公司发行股份购买资产的，除属于本办法第十三条第一款规定的交易情形外，可以同时募集部分配套资金，其定价方式按照现行相关规定办理。

上市公司发行股份购买资产应当遵守本办法关于重大资产重组的规定，编制发行股份购买资产预案、发行股份购买资产报告书，并向中国证监会提出申请。

第四十五条　上市公司发行股份的价格不得低于市场参考价的90%。市场参考价为本次发行股份购买资产的董事会决议公告日前20个交易日、60个交易日或者120个交易日的公司股票交易均价之一。本次发行股份购买资产的董事会决议应当说明市场参考价的选择依据。

前款所称交易均价的计算公式为：董事会决议公告日前若干个交易日公司股票交易均价=决议公告日前若干个交易日公司股票交易总额/决议公告日前若干个交易日公司股票交易总量。

本次发行股份购买资产的董事会决议可以明确，在中国证监会核准前，上市公司的股票价格相比最初确定的发行价格发生重大变化的，董事会可以按照已经设定的调整方案对发行价格进行一次调整。

前款规定的发行价格调整方案应当明确、具体、可操作，详细说明是否相应调整拟购买资产的定价、发行股份数量及其理由，在首次董事会决议公告时充分披露，并按照规定提交股东大会审议。股东大会作出决议后，董事会按照已经设定的方案调整发行价格的，上市公司无需按照本办法第二十八条的规定向中国证监会重新提出申请。

第四十六条　特定对象以资产认购而取得的上市公司股份，自股份发行结束之日起12个月内不得转让；属于下列情形之一的，36个月内不得转让：

（一）特定对象为上市公司控股股东、实际控制人或者其控制的关联人；

（二）特定对象通过认购本次发行的股份取得上市公司的实际控制权；

（三）特定对象取得本次发行的股份时，对其用于认购股份的资产持续拥有权益的时间不足12个月。

属于本办法第十三条第一款规定的交易情形的，上市公司原控股股东、原实际控制人及其控制的关联人，以及在交易过程中从该等主体直接或间接受让该上市公司股份的特定对象应当公开承诺，在本次交易完成后36个月内不转让其在该上市公司中拥有权益的股份；除收购人及其关联人以外的特定对象应当公开承诺，其以资产认购而取得的上市公司股份自股份发行结束之日起24个月内不得转让。

第四十七条　上市公司申请发行股份购买资产，应当提交并购重组委审核。

第四十八条　上市公司发行股份购买资产导致特定对象持有或者控制的股份达到法定比例的，应当按照《上市公司收购管理办法》（证监会令第108号）的规定履行相关义务。

上市公司向控股股东、实际控制人或者其控制的关联人发行股份购买资产，或者发行股份购买资产将导致上市公司实际控制权发生变更的，认购股份的特定对象应当在发行股份购买资产报告书中公开承诺：本次交易完成后6个月内如上市公司股票连续20个交易日的收盘价低于发行价，或者交易完成后6个月期末收盘价低于发行价的，其持有公司股票的锁定期自动延长至少6个月。

前款规定的特定对象还应当在发行股份购买资产报告书中公开承诺：

如本次交易因涉嫌所提供或披露的信息存在虚假记载、误导性陈述或者重大遗漏，被司法机关立案侦查或者被中国证监会立案调查的，在案件调查结论明确以前，不转让其在该上市公司拥有权益的股份。

第四十九条　中国证监会核准上市公司发行股份购买资产的申请后，上市公司应当及时实施。向特定对象购买的相关资产过户至上市公司后，上市公司聘请的独立财务顾问和律师事务所应当对资产过户事宜和相关后续事项的合规性及风险进行核查，并发表明确意见。上市公司应当在相关资产过户完成后3个工作日内就过户情况作出公告，公告中应当包括独立财务顾问和律师事务所的结论性意见。

上市公司完成前款规定的公告、报告后，可以到证券交易所、证券登记结算公司为认购股份的特定对象申请办理证券登记手续。

第五十条　换股吸收合并涉及上市公司的，上市公司的股份定价及发行按照本章规定执行。

上市公司发行优先股用于购买资产或者与其他公司合并，中国证监会另有规定的，从其规定。

上市公司可以向特定对象发行可转换为股票的公司债券、定向权证用于购买资产或者与其他公司合并。

第六章　重大资产重组后申请发行新股或者公司债券

第五十一条　经中国证监会审核后获得核准的重大资产重组实施完毕后，上市公司申请公开发行新股或者公司债券，同时符合下列条件的，本次重大资产重组前的业绩在审核时可以模拟计算：

（一）进入上市公司的资产是完整经营实体；

（二）本次重大资产重组实施完毕后，重组方的承诺事项已经如期履行，上市公司经营稳定、运行良好；

（三）本次重大资产重组实施完毕后，上市公司和相关资产实现的利润达到盈利预测水平。

上市公司在本次重大资产重组前不符合中国证监会规定的公开发行证券条件，或者本次重组导致上市公司实际控制人发生变化的，上市公司申请公开发行新股或者公司债券，距本次重组交易完成的时间应当不少于一个完整会计年度。

第五十二条　本办法所称完整经营实体，应当符合下列条件：

（一）经营业务和经营资产独立、完整，且在最近两年未发生重大变化；

（二）在进入上市公司前已在同一实际控制人之下持续经营两年以上；

（三）在进入上市公司之前实行独立核算，或者虽未独立核算，但与其经营业务相关的收入、费用在会计核算上能够清晰划分；

（四）上市公司与该经营实体的主要高级管理人员签订聘用合同或者采取其他方式，就该经营实体在交易完成后的持续经营和管理作出恰当安排。

第七章　监督管理和法律责任

第五十三条　未依照本办法的规定履行相关义务或者程序，擅自实施重大资产重组的，由中国证监会责令改正，并可以采取监管谈话、出具警示函等监管措施；情节严重的，可以责令暂停或者终止重组活动，处以警告、罚款，并可以对有关责任人员采取市场禁入的措施。

未经中国证监会核准擅自实施本办法第十三条第一款规定的重大资产重组，交易尚未完成的，中国证监会责令上市公司补充披露相关信息、暂停交易并按照本办法第十三条的规定报送申请文件；交易已经完成的，可以处以警告、罚款，并对有关责任人员采取市场禁入的措施；涉嫌犯罪的，依法移送司法机关追究刑事责任。

上市公司重大资产重组因定价显失公允、不正当利益输送等问题损害上市公司、投资者合法权益的，由中国证监会责令改正，并可以采取监管谈话、出具警示函等监管措施；情节严重的，可以责令暂停或者终止重组活动，处以警告、罚款，并可以对有关责任人员采取市场禁入的措施。

第五十四条 上市公司或者其他信息披露义务人未按照本办法规定报送重大资产重组有关报告，或者报送的报告有虚假记载、误导性陈述或者重大遗漏的，由中国证监会责令改正，依照《证券法》第一百九十三条予以处罚；情节严重的，可以责令暂停或者终止重组活动，并可以对有关责任人员采取市场禁入的措施；涉嫌犯罪的，依法移送司法机关追究刑事责任。

第五十五条 上市公司或者其他信息披露义务人未按照规定披露重大资产重组信息，或者所披露的信息存在虚假记载、误导性陈述或者重大遗漏的，由中国证监会责令改正，依照《证券法》第一百九十三条规定予以处罚；情节严重的，可以责令暂停或者终止重组活动，并可以对有关责任人员采取市场禁入的措施；涉嫌犯罪的，依法移送司法机关追究刑事责任。

重大资产重组或者发行股份购买资产的交易对方未及时向上市公司或者其他信息披露义务人提供信息，或者提供的信息有虚假记载、误导性陈述或者重大遗漏的，按照前款规定执行。

第五十六条 重大资产重组涉嫌本办法第五十三条、第五十四条、第五十五条规定情形的，中国证监会可以责令上市公司作出公开说明、聘请独立财务顾问或者其他证券服务机构补充核查并披露专业意见，在公开说明、披露专业意见之前，上市公司应当暂停重组；上市公司涉嫌前述情形被司法机关立案侦查或者被中国证监会立案调查的，在案件调查结论明确之前应当暂停重组。

涉嫌本办法第五十四条、第五十五条规定情形，被司法机关立案侦查

或者被中国证监会立案调查的，有关单位和个人应当严格遵守其所作的公开承诺，在案件调查结论明确之前，不得转让

其在该上市公司拥有权益的股份。

第五十七条　上市公司董事、监事和高级管理人员未履行诚 实守信、勤勉尽责义务，或者上市公司的股东、实际控制人及其有关负责人员未按照本办法的规定履行相关义务，导致重组方案损害上市公司利益的，由中国证监会责令改正，并可以采取监管谈话、出具警示函等监管措施；情节严重的，处以警告、罚款，并可以对有关人员采取认定为不适当人选、市场禁入的措施；涉嫌犯罪的，依法移送司法机关追究刑事责任。

第五十八条　为重大资产重组出具财务顾问报告、审计报告、法律意见、资产评估报告、估值报告及其他专业文件的证券服务机构及其从业人员未履行诚实守信、勤勉尽责义务，违反行业规范、业务规则，或者未依法履行报告和公告义务、持续督导义务的，由中国证监会责令改正，并可以采取监管谈话、出具警示函、责令公开说明、责令参加培训、责令定期报告、认定为不适当人选等监管措施；情节严重的，依照《证券法》第二百二十六条予以处罚。

前款规定的证券服务机构及其从业人员所制作、出具的文件存在虚假记载、误导性陈述或者重大遗漏的，由中国证监会责令改正，依照《证券法》第二百二十三条予以处罚；情节严重的，可以采取市场禁入的措施；涉嫌犯罪的，依法移送司法机关追究刑事责任。

存在前二款规定情形的，在按照中国证监会的要求完成整改之前，不得接受新的上市公司并购重组业务。

第五十九条　重大资产重组实施完毕后，凡因不属于上市公司管理层事前无法获知且事后无法控制的原因，上市公司所购买资产实现的利润未达到资产评估报告或者估值报告预测金额的80%，或者实际运营情况与重

大资产重组报告书中管理层讨论与分析部分存在较大差距的，上市公司的董事长、总经理以及对此承担相应责任的会计师事务所、财务顾问、资产评估机构、估值机构及其从业人员应当在上市公司披露年度报告的同时，在同一报刊上作出解释，并向投资者公开道歉；实现利润未达到预测金额50%的，中国证监会可以对上市公司、相关机构及其责任人员采取监管谈话、出具警示函、责令定期报告等监管措施。

第六十条　任何知悉重大资产重组信息的人员在相关信息依法公开前，泄露该信息、买卖或者建议他人买卖相关上市公司证券、利用重大资产重组散布虚假信息、操纵证券市场或者进行欺诈活动的，中国证监会依照《证券法》第二百零二条、第二百零三条、第二百零七条予以处罚；涉嫌犯罪的，依法移送司法机关追究刑事责任。

第八章　附　则

第六十一条　本办法自2014年11月23日起施行。2008年4月16日发布并于2011年8月1日修改的《上市公司重大资产重组管理办法》（证监会令第73号）、2008年11月11日发布的《关于破产重整上市公司重大资产重组股份发行定价的补充规定》（证监会公告〔2008〕44号）同时废止。

附录2　询价操作过程模板

特别提示

XXX股份有限公司（以下简称“XXX”“发行人”或“公司”）根据《证券发行与承销管理办法》（证监会令第121号，以下简称“《管理办法》”）、《中国证监会关于进一步推进新股发行体制改革的意见》（以下简称“《意见》”）等法规，《首次公开发行股票承销业务规范》（中证协发〔2016〕7号，以下简称“《业务规范》”）、《首次公开发行股票配售细则》（中证协发〔2016〕7号，以下简称“《配售细则》”）和《首次公开发行股票网下投资者备案管理细则》（中证协发〔2016〕7号，以下简称“《投资者备案管理细则》”）、《深圳市场首次公开发行股票网上发行实施细则》（深证上〔2016〕3号，以下简称“《网上发行实施细则》”）及《深圳市场首次公开发行股票网下发行实施细则》（深证上〔2016〕3号，以下简称“《网下发行实施细则》”）等相关规定，组织实施首次公开发行股票。

本次发行的初步询价和网下发行均采用深圳证券交易所（以下简称“深交所”）网下发行电子平台进行及中国证券登记结算有限责任公司深圳分公司（以下简称“中国结算深圳分公司”）登记结算平台进行。关于网下发行电子化的详细内容，请查阅深交所网站（www. szse. cn）公布的《网下发行实施细则》。

本次发行在发行流程、网上网下申购及缴款等环节发生重大变化，敬请投资者重点关注，主要变化如下：

1. 投资者在X年X月X日（T日）进行网上和网下申购时无需缴付申购资金。本次网下发行申购日与网上申购日同为X年X月X日（T日），其中网下申购时间为9：30－15：00，网上申购时间为9：15－11：30，13：00－15：00。

2. 初步询价结束后，发行人和主承销商根据初步询价结果，按照报价由高到低进行排序并计算出每个报价上所对应的累计申购总量后，协商确定剔除申购总量中报价最高部分的数量，剔除部分将不低于本次申购总量的10%。如被剔除部分的最低报价所对应的累计申购总量大于拟剔除数量时，该报价的申购将按照申购数量由少至多的顺序依次剔除；如果报价和拟申购数量均相同，则按照报价时间由晚至早的顺序依次剔除。当最高申购价格与确定的发行价格相同时，对该价格的申购可不再剔除，剔除比例可低于10%。剔除部分不得参与网下申购。

3. 网上投资者应当自主表达申购意向，不得全权委托证券公司进行新股申购。

4. 网下投资者应根据《XXX股份有限公司首次公开发行股票网下发行初步配售结果公告》（以下简称“《网下发行初步配售结果公告》”），于X年X月X日（T+2日）16：00前，按最终确定的发行价格与获配数量，及时足额缴纳新股认购资金。

网上投资者申购新股中签后，应根据《XXX股份有限公司首次公开发行股票网上中签结果公告》（以下简称“《网上中签结果公告》”），履行资金交收义务，确保其资金账户在X年X月X日（T+2日）日终有足额的新股认购资金，投资者款项划付需遵守投资者所在证券公司的相关规定。

网下和网上投资者放弃认购部分的股份由主承销商包销。

5. 当出现网下和网上投资者缴款认购的股份数量合计不足本次公开发行数量的70%时，主承销商将中止本次新股发行，并就中止发行的原因和后续安排进行信息披露。具体中止条款请见“九、中止发行情况”。

6. 网下有效报价投资者未及时足额缴纳申购款的，将被视为违约并应承担违约责任，主承销商将违约情况报中国证券业协会备案。网上投资者连续12个月内累计出现3次中签后未足额缴款的情形时，6个月内不得参与新股申购。

估值及投资风险提示

新股投资具有较大的市场风险，投资者需要充分了解证券市场的风险，仔细研读发行人招股意向书中披露的风险，审慎参与本次新股发行的估值、报价、投资。

根据中国证监会《上市公司行业分类指引》（2012年修订），发行人所属行业为“××××”。中证指数有限公司已经发布了行业平均市盈率，请投资者决策时参考。如果本次发行市盈率高于行业平均市盈率，存在未来发行人估值水平向行业平均市盈率水平回归、股价下跌给新股投资者带来损失的风险。

投资者需充分了解有关新股发行的法律法规，认真阅读本询价公告的各项内容，知悉本次发行的定价原则和配售原则，在参与询价前应确保不属于禁止参与初步询价的情形，并确保申购数量和未来持股情况符合相关法律法规及监管部门的规定。投资者一旦提交报价，保荐人（主承销商）视为该投资者承诺：投资者参与本次发行符合法律法规和本公告的规定，由此产生的一切违法违规行为及相应后果由投资者自行承担。

重点提示

1. XXX股份有限公司首次公开发行不超过X万股人民币普通股（A股）（以下简称“本次发行”）的申请已获中国证券监督委员会（以下简

称“中国证监会”）证监许可〔X〕X 号文核准。本次发行的主承销商XXX 股份有限公司（以下简称“XXX”或“主承销商”）。发行人股票简称为“XXX，股票代码为“XXXXXX”，该代码同时用于本次发行的初步询价、网下及网上发行。

2. 本次拟公开发行人民币普通股（A 股）不超过××万股，占发行后总股本的比例不低于××%，本次发行全部为公开发行新股，本次发行不安排老股转让。

3. 本次发行采用网下向符合条件的投资者询价配售（以下简称“网下发行”）和网上按市值申购方式向社会公众投资者定价发行（以下简称“网上发行”）相结合的方式进行。回拨机制启动前，网下初始发行 XX 万股，占本次发行总量的 XX%；网上初始发行数量 XX 万股，占本次发行总股数的 XX%。

初步询价及网下发行由保荐人（主承销商）负责组织，通过深交所网下发行电子平台实施；网上发行通过深交所交易系统实施。

4. 本公告所称“网下投资者”是指参与网下发行的个人投资者和机构投资者。本公告所称“配售对象”是指参与网下发行的投资者或其管理的证券投资产品。网下投资者应当于初步询价开始日前一个交易日即 X 年 X 月 X 日（T－5 日）的 12：00 前在中国证券业协会完成配售对象信息的登记备案工作且已开通深交所网下发行电子平台 CA 证书，并通过中国结算深圳分公司完成配售对象的资金配号。

保荐人（主承销商）已根据《管理办法》、《业务规范》等相关制度的要求，制定了网下投资者的标准。具体标准及安排请见本公告“二、网下投资者的参与条件及报价要求”。

网下投资者如属于《证券投资基金法》、《私募投资基金监督管理暂行办法》和《私募投资基金管理人登记和基金备案办法（试行）》规范的私募投资基金，其基金管理人还必须在初步询价开始日前一个交易日（X年X月13日，T-5日）的中午12：00前完成中国证券投资基金业协会规定的基金管理人登记手续，其管理的基金产品通过私募基金登记备案系统完成备案手续。

只有符合主承销商及发行人确定的网下投资者标准要求的投资者方能参与本次发行初步询价。不符合相关标准而参与本次发行初步询价的，须自行承担一切由该行为引发的后果，主承销商将在深交所网下发行电子平台中将其报价设定为无效，并在《XXX股份有限公司首次公开发行股票发行公告》（以下简称“《发行公告》”）中披露相关情况。

提请投资者注意，主承销商将在初步询价及配售前对网下投资者是否存在禁止性情形进行核查，并要求网下投资者提供符合资质要求的承诺和证明材料。如网下投资者拒绝配合核查或其提供的材料不足以排除其存在禁止性情形的，或经核查不符合配售资格的，主承销商将拒绝其参与初步询价及配售。

5. 发行人及主承销商将于X年X月X日（T-1日）进行本次发行网上路演。关于网上路演的具体信息请参阅X年X月X日（T-2日）刊登的《XXX股份有限公司首次公开发行股票网上路演公告》。本次发行不举办现场推介会。

6. 本次初步询价期间为X年X月X日（T-4日）及X月X日（T-3日）每日9：30~15：00。在上述时间内，符合条件的网下投资者可通过深交所网下发行电子平台为其所管理的配售对象填写报价以及拟申购数量等信息。相关报价一经提交，不得撤销。因特殊原因需要调整报价的，应当在网下发行电子平台填写具体原因。

7. 发行人和主承销商将在X年X月X日（T-1日）刊登的《发行公告》中公布网下投资者的报价情况、发行价格以及有效报价投资者的名单等信息。

8. 本次发行网下申购的时间为X年X月X日（T日）9：30至15：00。《发行公告》中公布的全部有效报价配售对象必须参与网下申购。在参与网下申购时，网下投资者必须在网下发行电子平台为其管理的有效报价配售对象录入申购记录，包括申购价格、申购数量及主承销商在《发行公告》中规定的其他信息。申购价格为确定的发行价格，申购数量须不超过《发行公告》中规定的申购阶段网下初始发行数量。

在网下申购阶段，网下投资者无需缴付申购资金，获配后在X年X月X日（T+2日）16：00前缴纳认购款。

9. 每一配售对象只能选择网下发行或者网上发行中的一种方式进行申购。凡参与初步询价的，无论是否为有效报价，均不得参与网上申购。

10. 本次发行网上申购日为X年X月X日（T日）。可参与网上发行的投资者为在X年X月X日（T－2日）前20个交易日（含T－2日）的日均持有深圳市场非限售A股股份市值符合《网上发行实施细则》所规定的投资者。

网上投资者应当自主表达申购意向，不得全权委托证券公司代其进行新股申购。

网上投资者申购日（T日）申购无需缴纳申购款，T+2日根据中签结果缴纳认购款。

11. 本次发行网下和网上申购结束后，发行人和主承销商将根据申购情况确定是否启动回拨机制，对网下网上发行的规模进行调节。有关回拨机制的具体安排请见本公告“五、本次发行回拨机制”。

12. 本次发行的配售原则请见本公告“六、网下配售原则”。

13. 网下投资者存在下列情形的，一经发现，主承销商将及时向中国证券业协会报告：

（1）使用他人账户报价；

（2）投资者之间协商报价；

（3）同一投资者使用多个账户报价；

（4）网上网下同时申购；

（5）与发行人或承销商串通报价；

（6）委托他人报价；

（7）无真实申购意图进行人情报价；

（8）故意压低或抬高价格；

（9）提供有效报价但未参与申购；

（10）不具备定价能力，或没有严格履行报价评估和决策程序、未能审慎报价；

（11）机构投资者未建立估值模型；

（12）其他不独立、不客观、不诚信的情形；

（13）不符合配售资格；

（14）未按时足额缴付认购资金；

（15）获配后未恪守持有期等相关承诺；

（16）中国证券业协会规定的其他情形。

14. 本公告仅对本次发行中有关初步询价的事宜进行说明，投资者欲了解本次发行的详细情况，请仔细阅读X年X月X日（T－7日）登载XX网站（www. XX. com. cn）的《XXX股份有限公司首次公开发行股票招股意向书》（以下简称“招股意向书”）全文，《XXX股份有限公司首次公开发行股票招股意向书摘要》（以下简称“《招股意向书摘要》”）同日刊登于《中国证券报》、《证券日报》、《上海证券报》和《证券时报》。

一、本次发行的重要日期安排

（一）本次发行的重要日期安排

注：(1) T 日为网上网下发行申购日；

(2) 上述日期为交易日，如遇重大突发事件影响发行，主承销商及发行人将及时公告，修改发行日程；

(3) 如因深交所网下发行电子平台系统故障或非可控因素，导致网下投资者无法正常进行初步询价或网下申购，请网下投资者及时与保荐人（主承销商）联系；

(4) 若本次发行拟定的发行价格对应市盈率高于同行业上市公司二级市场最近一个月平均静态市盈率，发行人和 XX 证券将在网上申购前三周内连续发布《投资风险特别公告》，每周至少发布一次，本次发行申购日将顺延三周。

（二）发行规模和发行方式

1. 发行规模

公司本次公开发行的股份数量不超过 XX 万股，占发行后总股本的比例不低于 XX%，全部为公开发行新股，本次发行不安排老股转让。

2. 网上、网下初始发行规模

回拨机制启动前，网下初始发行 XX 万股，占本次发行总量的 XX%；网上初始发行数量 XX 万股，占本次发行总股数的 XX%。

3. 发行方式

本次发行采用网下向投资者询价配售与网上按市值申购定价发行相结合的方式进行。网下投资者需通过深交所网下发行电子平台进行网下询价申购，网上发行通过深交所交易系统，并采用网上按市值申购定价发行的方式进行。

二、网下投资者的参与条件及报价要求

（一）参与初步询价的投资者标准

参与初步询价的网下投资者需具备的资格条件：

1. 具备一定的股票投资经验。机构投资者应当依法设立、持续经营时间达到两年（含）以上，开展A股投资业务时间达到两年（含）以上；个人投资者应具备五年（含）以上的A股投资经验。经行政许可从事证券、基金、期货、保险、信托等金融业务的机构投资者可不受上述限制。

2. 具有良好的信用记录。最近12个月未受到刑事处罚、未因重大违法违规行为被相关监管部门给予行政处罚、采取监管措施。

3. 具备必要的定价能力。机构投资者应具有相应的研究力量、有效的估值定价模型、科学的定价决策制度和完善的合规风控制度。

4. X年X月X日（T-7日，含当日）为基准日的前20个交易日持有深市非限售股票的流通市值日均值为1000万元（含）以上。

5. 投资者不得为债券型证券投资基金或集合信托计划，也不得为在招募说明书、投资协议等文件中以直接或间接方式载明以博取一、二级市场价差为目的申购新股的证券投资产品。

6. 网下投资者如属于《证券投资基金法》、《私募投资基金监督管理暂行办法》和《私募投资基金管理人登记和基金备案办法（试行）》规范的私募投资基金，其基金管理人还必须在初步询价开始日前一个交易日（X年X月X日，T-5日）的中午12：00前完成中国证券投资基金业协会规定的基金管理人登记手续，其管理的基金产品通过私募基金登记备案系统完成备案手续。

7. 下列机构或人员将不得参与本次网下发行：

（1）发行人及其股东、实际控制人、董事、监事、高级管理人员和其他员工；发行人及其股东、实际控制人、董事、监事、高级管理人员能够直接或间接实施控制、共同控制或施加重大影响的公司，以及该公司控股股东、控股子公司和控股股东控制的其他子公司；

（2）主承销商及其持股比例5%以上的股东，主承销商的董事、监事、高级管理人员和其他员工；主承销商及其持股比例5%以上的股东、董事、监事、高级管理人员能够直接或间接实施控制、共同控制或施加重大影响的公司，以及该公司控股股东、控股子公司和控股股东控制的其他子公司；

（3）承销商及其控股股东、董事、监事、高级管理人员和其他员工；

（4）第（1）、（2）、（3）项所述人士的关系密切的家庭成员，包括配偶、子女及其配偶、父母及配偶的父母、兄弟姐妹及其配偶、配偶的兄弟姐妹、子女配偶的父母；

（5）过去6个月内与主承销商存在保荐、承销业务关系的公司及其持股5%以上的股东、实际控制人、董事、监事、高级管理人员，或已与主承销商签署保荐、承销业务合同或达成相关意向的公司及其持股5%以上的股东、实际控制人、董事、监事、高级管理人员；

（6）通过配售可能导致不当行为或不正当利益的其他自然人、法人和组织；

（7）按照《业务规范》、《投资者备案管理细则》，中国证券业协会公布的黑名单所列示的投资者。

第（2）、（3）项规定的禁止配售对象管理的公募基金不受前款规定的限制，但应符合中国证监会的有关规定。

符合以上条件且在x年x月x日（T-5日）12：00时前在中国证券业协会完成备案且已办理深交所网下发行电子平台数字证书，并与深交所签订网下发行电子平台使用协议，成为深交所网下发行电子平台的用户的网下投资者和配售对象方能参与本次发行的初步询价。

主承销商将在初步询价或配售前对投资者是否存在上述禁止性情形进行核查，投资者应按主承销商的要求进行相应的配合（包括但不限于提供公司章程等工商登记资料、安排实际控制人访谈、如实提供相关自然人主要社会关系名单、配合其他关联关系调查等)，如拒绝配合核查或其提供的材料不足以排除其存在上述禁止性情形的，或经核查不符合配售资格的，主承销商将拒绝接受其初步询价或者向其进行配售。

（二）承诺函及资质证明文件的提交方式

所有拟参与本次初步询价的网下投资者须符合上述资格条件，均须向主承销商提交承诺函及信息表。

1. 提交材料：机构投资者须提交本公告附件1的承诺函和附件2机构投资者基本情况表，个人投资者须提交本公告附件3的承诺函和附件4的个人投资者基本情况表。网下投资者如属于《证券投资基金法》、《私募投资基金监督管理暂行办法》和《私募投资基金管理人登记和基金备案办法(试行)》规范的私募投资基金，还须提供其完成中国证券投资基金业协会登记及备案的说明文件。相关资料模板见本公告附件。附件可在XX网站(http：//www.XX.net）下载。

2. 提交时间：投资者须于X年X月X日（T-5日）12：00前将附件1、附件2或附件3、附件4扫描盖章版和电子版，发送至XX证券指定电子邮箱（XX@163.com）。电子邮件主题格式为“〔XXXX〕-IPO-投资者类型-投资者全称（投资者营业执照注册号/身份证号码)”。如未收到自动回复邮件，请进行电话确认。确认电话为：XXXXXXX。原件须在X年X月X日（T-2日）12：00前送达XX证券投资银行总部资本市场部。邮寄地址为：XX市XX区XXXXXX，邮编为：XXXXXX。

主承销商将会同见证律师对网下投资者是否符合上述“参与初步询价的网下投资者需具备的资格条件”的相关要求进行核查，对不符合条件的投资者，主承销商将其报价作为无效报价处理。提请投资者注意：如主承销商未在规定时间内收到投资者提交的备案信息、核查材料、或提交的材料不符合资格核查材料要求的，则该投资者提交的报价将被作为无效报价予以剔除。因投资者提供信息与实际情况不一致所导致的后果由投资者自行承担。

（三）网下投资者报价要求

1. 申报价格要求

网下投资者通过深交所网下发行电子平台提交报价，报价内容包含拟申购价格及对应申购数量，申报价格的最小变动单位为0.01元，每个网下投资者只能申报一个价格，非个人投资者应当以机构为单位进行报价，同一机构管理的不同配售对象报价应当相同。

2. 申购数量要求

每个配售对象的“拟申购数量”不得超过XX万股，同时不低于网下发行最低申购量，即XX万股，且申购数量超过XX万股的，超出部分必须是XX万股的整数倍。

3. 锁定期安排

网下投资者参与本次网下申购获配的股票无锁定期。

4. 投资者或其管理的配售对象的托管席位号系办理股份登记的重要信息，托管席位号错误将会导致无法办理股份登记或股份登记有误，请参与初步询价的网下投资者正确填写其托管席位号，如发现填报有误请及时与主承销商联系。

（四）网下投资者报价的以下情形将被视为无效：

1. 网下投资者未在X年X月X日（T－5日）12：00前在中国证券业完成网下投资者信息登记备案的；

2. 配售对象名称、证券账户、银行收付款账户/账号等申报信息与备案信息不一致的；该信息不一致的配售对象的报价部分为无效报价；

3. 配售对象的拟申购数量超过XX万股以上的部分为无效报价；

4. 配售对象拟申购数量不符合XX万股的最低数量要求，或者拟申购数量不符合10万股的整数倍要求，则该配售对象的报价无效；

5. 本次发行中禁止配售的关联方。

三、网上投资者的参与条件及报价要求

在本次发行的初步询价工作完成后，投资者持有1万元以上（含1万元）深交所上市股票市值的，可在X年X月X日（T日）参与本次发行的网上申购。每××元市值可申购一个申购单位，不足××元的部分不计入申购额度。每一个申购单位为××股，申购数量应当为××股或其整数倍，但最高不得超过当次网上初始发行股数的千分之一，具体网上发行数量将在X年X月X日（T-1日）的《发行公告》中披露。投资者持有的市值按其在X年X月X日（T-2日）前20个交易日的日均持有市值计算，可同时用于T日申购多只新股。投资者持有的市值应符合《深圳市场首次公开发行股票网上按市值申购实施细则》（2016年修订）的相关规定。

网上投资者应当自主表达申购意向，不得全权委托证券公司代其进行新股申购。

网上投资者X年X月X日（T日）申购无需缴纳申购款，X年X月X日（T+2日）根据中签结果缴纳认购款。

投资者或其管理的产品只能选择网下发行或者网上发行中的一种方式进行申购。凡参与网下询价的投资者或其管理的产品，无论是否入围有效报价，均不能参与网上申购。

四、初步询价及确定发行价格

（一）网下投资者参与初步询价报价方式

1. 本次发行初步询价通过深交所网下发行电子平台进行，符合《管理办法》及《投资者备案管理细则》要求的投资者于X年X月X日（T-5日）12：00前在中国证券业协会完成网下投资者备案，已办理深交所网下发行电子平台数字证书，并与深交所签订网下发行电子平台使用协议，成为深交所网下发行电子平台的用户后方可参与初步询价。

2. 本次初步询价期间为X年X月X日（T-4日）及X月X日（T-3日）每日9：30~15：00。在上述时间内，符合条件的网下投资者可通过深交所网下发行电子平台为其所管理的配售对象填写报价以及拟申购数量等信息。相关报价一经提交，不得撤销。因特殊原因需要调整报价的，应当在网下发行电子平台填写具体原因。

（二）确定发行价格及有效报价投资者的原则

初步询价结束后，发行人和主承销商根据初步询价结果，按照报价由高到低进行排序并计算出每个报价上所对应的累计申购总量后，协商确定剔除申购总量中报价最高部分的数量，剔除部分将不低于本次申购总量的10%。如被剔除部分的最低报价所对应的累计申购总量大于拟剔除数量时，该报价的申购将按照申购数量由少至多的顺序依次剔除；如果报价和申购数量均相同，则按照报价时间由晚至早的顺序依次剔除，直至满足剔除的申购数量达到拟剔除数量的要求。当最高申购价格与确定的发行价格相同时，对该价格的申购可不再剔除，剔除比例可低于10%。剔除部分不得参与网下申购。

在剔除最高部分报价后，发行人和主承销商考虑剩余报价和申购数量、公司所处行业、市场情况、同行业上市公司估值水平、募集资金需求及承销风险等因素，协商确定发行价格、有效报价投资者及其有效申购数量。有效报价投资者的数量不少于10家。有效报价投资者的认定按以下方式确定：

1. 当报价不低于发行价格的网下投资者小于10家时，中止发行；

2. 当报价不低于发行价格的网下投资者不少于10家时，剔除最高报价部分后报价不低于发行价格的网下投资者即为有效报价投资者。有效报价投资者报价不低于发行价格的申购数量为有效申购数量。

（三）有效报价投资者认购数量的确定

本次网下申购的时间为X年X月X日（T日）的9：30－15：00。《发行公告》中公布的全部有效报价配售对象必须参与网下申购。在参与网下申购时，网下投资者必须在网下发行电子平台为其管理的有效报价配售对象录入申购记录，包括申购价格、申购数量及主承销商在《发行公告》中规定的其他信息。申购价格为确定的发行价格，申购数量须不超过《发行公告》中规定的申购阶段网下初始发行数量。

在网下申购阶段，网下投资者无需缴付申购资金，获配后在X年X月X日（T+2日）缴纳认购款。

五、本次发行回拨机制

本次发行网上网下申购于X年X月X日（T日）15：00同时截止。申购结束后，发行人和主承销商将根据网上申购情况决定是否启动回拨机制，对网下、网上发行的规模进行调节。回拨机制的启动将根据网上投资者初步有效认购倍数确定：

网上投资者初步有效认购倍数＝网上有效申购数量/回拨前网上初始发行数量。

有关回拨机制的具体安排如下：

1. 网下发行获得足额认购的情况下，若网上投资者初步有效认购倍数在50倍以上但低于××倍（含）的，应从网下向网上回拨，回拨比例为本次公开发行股票数量的××%；网上投资者初步有效认购倍数超过××倍的，回拨比例为本次公开发行股票数量的××%；网上投资者初步有效认购倍数超过××倍的，回拨后网下发行比例不超过本次公开发行股票数量的××%。

2. 若网上申购不足，可以回拨给网下投资者，向网下回拨后，有效报价投资者仍未能足额认购的情况下，由主承销商余额包销。

3. 在网下发行未获得足额认购的情况下，不足部分不向网上回拨，中止发行。

4. 网上投资者初步认购倍数小于等于××倍的，不启动回拨机制。

在发生回拨的情形下，主承销商将按回拨后的网下实际发行数量进行配售，将按回拨后的网上实际发行数量确定最终的网上中签率，并于X年X月X日（T+1日）刊登《XXX股份有限公司首次公开发行股票网上申购情况及中签率公告》。

X年X月X日（T+1日）主承销商和发行人将根据网上总配号量和中签率组织摇号抽签，并于X年X月X日（T+2日）刊登《XXX股份有限公司首次公开发行股票网上摇号中签结果公告》。回拨后网下实际发行数量的配售结果请见X年X月X日（T+2日）刊登的《XXX股份有限公司首次公开发行股票网下发行初步配售结果公告》。

六、网下配售原则

T日申购结束后，进行有效申购的投资者及其管理的配售对象即为有效配售对象。主承销商先将有效配售对象进行分类，然后按照以下配售原则进行配售：

（一）投资者分类

公募基金和社保基金为A类，企业年金和保险机构为B类，其他投资机构及个人为C类。

（二）配售原则

1. 首先将本次网下新股实际发行数量（具体数量详见X年X月X日（T-1日）《发行公告》）的40%向A类同比例配售；其次将网下新股实际发行数量的一定比例（初始比例不高于10%）向B类同比例配售，剩余可配售股份向A类和B类未获配的部分以及C类同比例配售。向B类优先配售的最终比例由发行人和主承销商根据网下申购情况协商确定，以确保A类的配售比例不低于B类的配售比例，B类的配售比例不低于C类的配售比例。

2. 若A类的有效申购数量不足网下实际发行数量的40%时，A类全额获配；若B类的有效申购数量不足网下实际发行数量的一定比例（初始比例不高于10%）时，B类全额获配。

3. 在实施配售过程中，每个配售对象的获配数量取整后精确到1股，产生的零股统一分配给A类中申购数量最大的配售对象；若配售对象中没有A类，则产生的零股统一分配给B类中申购数量最大的配售对象；若配售对象中没有A类、B类，则产生的零股统一分配给C类中申购数量最大的配售对象。当申购数量相同时，产生的零股统一分配给申购时间最早的配售对象。

七、网上和网下投资者缴款

网下投资者应根据《网下发行初步配售结果公告》于X年X月X日（T+2日）16：00前，按最终确定的发行价格与获配数量，及时足额缴纳新股认购资金。

网上投资者申购新股中签后，应根据《网上中签结果公告》履行资金交收义务，确保其资金账户在X年X月X日（T+2日）日终有足额的新股认购资金，不足部分视为放弃认购，由此产生的后果及相关法律责任由投资者自行承担。投资者款项划付需遵守投资者所在证券公司的相关规定。

网下和网上投资者获得配售后，应当按时足额缴付认购资金。网下有效报价投资者未及时足额缴纳申购款的，将被视为违约并应承担违约责任，主承销商将违约情况报中国证券业协会备案。网上投资者连续12个月内累计出现3次中签后未足额缴款的情形时，6个月内不得参与新股申购。

八、投资者放弃认购部分股份处理

在X年X月X日（T+2日），网下和网上投资者缴款认购结束后，主承销商将根据实际缴款情况确认网下和网上实际发行股份数量。网下和网上投资者放弃认购部分的股份由主承销商包销。

网上、网下投资者获配未缴款金额以及主承销商的包销比例等具体情况请见X年X月X日（T+4日）刊登的《XXX股份有限公司首次公开发行股票发行结果公告》。

九、中止发行情况

本次发行可能因下列情形中止：

1. 初步询价结束后，报价的网下投资者数量不足10家的；

2. 初步询价结束后，剔除最高报价部分后有效报价投资者数量不足10家的；

3. 初步询价结束后，申购总量不足网下初始发行数量的或剔除最高报价部分后，剩余申购总量不足网下初始发行数量的；提供有效报价投资者的有效申购总量未达网下初始发行总量；

4. 发行价格未达发行人预期或发行人和主承销商就确定发行价格未能达成一致意见；

5. 申购日（T日），网下实际申购总量未达网下初始发行数量；

6. 若网上申购不足，申购不足部分向网下回拨后，网下投资者未能足额认购的；

7. 网下和网上投资者缴款认购的股份数量合计不足本次公开发行数量的70%时；

8. 发行人在发行过程中发生重大会后事项影响本次发行的；

9. 中国证监会对证券发行承销过程实施事中事后监管，发现涉嫌违法违规或者存在异常情形的，可责令发行人和承销商暂停或中止发行，对相关事项进行调查处理。

出现上述情况时，主承销商实施中止发行措施，就中止发行的原因和后续安排进行信息披露。发行人在重新启动发行前，需与主承销商就启动时点、发行销售工作安排达成一致，并在核准文件有效期内向证监会备案。

十、发行人和主承销商

（一）发行人

（二）保荐人（主承销商）

发行人：XXX 股份有限公司

保荐人（主承销商）：××证券股份有限公司

X 年 X 月 X 日

附件 1

网下申购承诺函（机构投资者）

××证券股份有限公司：

我公司（营业执照号）有意参加贵公司主承销的 XXX 股份有限公司 IPO 询价配售，本机构承诺如下：

1. 本机构已如实提供了本次网下发行所需的全部文件，并保证对本机构提供的所有文件资料的真实性、准确性、完整性和及时性负责，确认没有任何遗漏或误导。

2. 本机构依法可以进行股票投资，用于投资的资金来源合法，持续经营时间达到两年（含）以上，开展 A 股投资业务时间达到两年（含）以上。

3. 本机构信用记录良好，最近 12 个月未因重大违法违规行为被相关监管部门给予行政处罚、采取监管措施或者受到刑事处罚。

4. 本机构具有相应的研究力量、有效的估值定价模型、科学的定价决策制度和完善的合规风控制度；本机构已经熟知认购新股上市后存在跌破发行价格的风险，并承诺充分关注定价市场化蕴含的风险因素，切实提高风险意识，强化价值投资理念，避免盲目炒作。

5. 本机构所管理的拟参与本次报价的配售对象不属于（1）债券型证券投资基金；（2）信托计划；（3）在招募说明书、投资协议等文件中以直接或间接方式载明以博取一、二级市场价差为目的申购首发股票的理财产品等证券投资产品。

6. 本机构不属于《证券发行和承销管理办法》第十六条规定的下列禁止配售对象：

（1）发行人及其股东、实际控制人、董事、监事、高级管理人员和其他员工；发行人及其股东、实际控制人、董事、监事、高级管理人员能够直接或间接实施控制、共同控制或施加重大影响的公司，以及该公司控股股东、控股子公司和控股股东控制的其他子公司；

（2）主承销商及其持股比例5%以上的股东，主承销商的董事、监事、高级管理人员和其他员工；主承销商及其持股比例5%以上的股东、董事、监事、高级管理人员能够直接或间接实施控制、共同控制或施加重大影响的公司，以及该公司控股股东、控股子公司和控股股东控制的其他子公司；

（3）承销商及其控股股东、董事、监事、高级管理人员和其他员工；

（4）本条第（1）、（2）、（3）项所述人士的关系密切的家庭成员，包括配偶、子女及其配偶、父母及配偶的父母、兄弟姐妹及其配偶、配偶的兄弟姐妹、子女配偶的父母；

（5）过去6个月内与主承销商存在保荐、承销业务关系的公司及其持股5%以上的股东、实际控制人、董事、监事、高级管理人员，或已与主承销商签署保荐、承销业务合同或达成相关意向的公司及其持股5%以上的股东、实际控制人、董事、监事、高级管理人员；

（6）通过配售可能导致不当行为或不正当利益的其他自然人、法人和组织。

本条第（2）、（3）项规定的禁止配售对象管理的公募基金不受前款规定的限制，但应符合中国证监会的有关规定。

特此承诺

机构名称（加盖公章）：

年 月 日

附件2

机构投资者基本情况表

（以下表格不得留空或删减，如不适用则在空格内填“无”）

本机构承诺已经认真阅读初步询价公告，以上信息填写真实并确认不存在不得参与网下发行询价的情形，并承担一切法律后果。

机构名称（加盖公章）：

年月日

附件3

网下申购承诺函（个人投资者）

××证券股份有限公司：

本人（身份证号）有意以自有资金参加贵公司主承销的XXX股份有限公司IPO询价配售，承诺如下：

1. 本人已如实提供了本次网下发行所需的全部文件，并保证对本人提供的所有文件资料的真实性、准确性、完整性和及时性负责，确认没有任何遗漏或误导；

2. 本人依法可以进行股票投资，用于投资的资金来源合法，且具备至少5年投资经验；

3. 本人信用记录良好，最近 12 个月未因重大违法违规行为被相关监管部门给予行政处罚、采取监管措施或者受到刑事处罚；

4. 本人具备股票投资的基本知识，有较强的研究、定价和风险承受能力；本人已经熟知认购新股上市后存在跌破发行价格的风险，并承诺充分关注定价市场化蕴含的风险因素，切实提高风险意识，强化价值投资理念，避免盲目炒作；

5. 本人不属于《证券发行和承销管理办法》第十六条规定的下列禁止配售对象：

（1）发行人及其股东、实际控制人、董事、监事、高级管理人员和其他员工；发行人及其股东、实际控制人、董事、监事、高级管理人员能够直接或间接实施控制、共同控制或施加重大影响的公司，以及该公司控股股东、控股子公司和控股股东控制的其他子公司；

（2）主承销商及其持股比例 5% 以上的股东，主承销商的董事、监事、高级管理人员和其他员工；主承销商及其持股比例 5% 以上的股东、董事、监事、高级管理人员能够直接或间接实施控制、共同控制或施加重大影响的公司，以及该公司控股股东、控股子公司和控股股东控制的其他子公司；

（3）承销商及其控股股东、董事、监事、高级管理人员和其他员工；

（4）本条第（1）、（2）、（3）项所述人士的关系密切的家庭成员，包括配偶、子女及其配偶、父母及配偶的父母、兄弟姐妹及其配偶、配偶的兄弟姐妹、子女配偶的父母；

（5）过去 6 个月内与主承销商存在保荐、承销业务关系的公司及其持股 5% 以上的股东、实际控制人、董事、监事、高级管理人员，或已与主承销商签署保荐、承销业务合同或达成相关意向的公司及其持股 5% 以上的股东、实际控制人、董事、监事、高级管理人员；

（6）通过配售可能导致不当行为或不正当利益的其他自然人、法人和组织。

本条第（2）、（3）项规定的禁止配售对象管理的公募基金不受前款规定的限制，但应符合中国证监会的有关规定。

特此承诺

承诺人（签字）：

年　月　日

附件4

个人投资者基本情况表

（以下表格不得留空或删减，如不适用则在空格内填“无”）

本人承诺已经认真阅读发行安排及初步询价公告，并确认不存在不得参与网下发行询价的情形，并承担一切法律后果。

签名

年　月　日